VIVE LA DYSLEXIE !

Béatrice Sauvageot
Jean Métellus

VIVE LA DYSLEXIE !

NiL éditions

Ouvrage édité par Dominique Missika

ISBN : 2-84111-255-1

Introduction

La dyslexie concerne environ 12 % de la population — dont 4 % sont sévèrement touchés — sans compter l'entourage, parents, conjoints, enfants, amis, et les enseignants confrontés à ce problème dans leur vie professionnelle, avec les orthophonistes, les médecins, les psychologues et les psychomotriciens. Bref, nous sommes tous concernés.

Certes, des personnages célèbres furent de grands dyslexiques : on cite volontiers Léonard de Vinci, Rodin, et même Einstein ! Mais cela suffit-il à apaiser les craintes d'un parent qui voit son enfant en danger ? Risque d'échec, de marginalisation, et ses conséquences. Car une personne dyslexique est menacée de troubles comportementaux allant de l'extrême timidité — proche d'une attitude autistique — à l'agressivité qui ne peut être contrôlée que par des médicaments puissants, ajoutant leurs effets secondaires aux troubles linguistiques déjà sévères.

Génératrice de tensions et de conflits inter et intra-individuels, la dyslexie constitue un handicap indiscutable pour l'enfant, l'adolescent et l'adulte, qui en sont frappés et une source infinie de malaise et de remords pour les parents et pour les dyslexiques eux-mêmes.

Le problème est loin d'être simple. Chaque diagnostic de dyslexie convoque au moins deux acteurs sinon trois ou quatre : d'abord la personne dyslexique elle-même, abonnée à l'échec dès qu'il s'agit de lire et d'écrire. L'enfant dyslexique est un enfant en souffrance en face de parents impatients de le voir entrer dans la cour des grands capables de décrypter l'alphabet et les dictionnaires ; ensuite l'enseignant, qui admet difficilement que sa pédagogie soit inefficace et soupçonne soit la mauvaise volonté, soit l'obturation psychique pour ne pas dire une éventuelle carence intellectuelle de son élève ; puis les parents eux-mêmes, les premiers préoccupés par l'indifférence de leur progéniture à l'écrit ; et enfin — et toujours — la société, par l'intermédiaire des médecins et des rééducateurs que sont les orthophonistes.

Le dyslexique adulte mène une double vie. Il doit user de tous les stratagèmes pour cacher ses difficultés face à l'écrit sous peine de discrimination professionnelle et d'incompréhension de la part de ses proches.

On pense habituellement que la dyslexie consiste à inverser des lettres ou à mélanger les sons. On ne sait pas bien la définir ; touche-t-elle l'intelligence, la parole ? Est-ce une maladie, un dysfonctionnement, une tare, un handicap ?

Ce livre se propose de répondre à ces questions et offre des solutions originales — pour ne pas dire révolutionnaires. Nous ne rééduquons pas les dyslexiques, n'essayons pas de lutter contre leurs symptômes qui les empêchent d'être heureux à l'école ou dans leur travail. Nous les aidons à être plus dyslexiques qu'ils ne le sont déjà ! Nous les éduquons à devenir des dyslexiques à part entière.

Nous avons en effet constaté que, lorsqu'un dyslexique qui est souvent un être doté de qualités remarquables, développe sa dyslexie, il n'a plus de problèmes pour lire et écrire ; il parvient même à maîtriser le langage écrit, à le manier à sa façon avec une sensibilité, une poésie, un humour et un talent que vous apprécierez dans les exemples que nous donnons.

Notre propos est de vous inviter à découvrir cet autre monde, ces gens que nous côtoyons tous les jours sans, parfois, nous douter de ce qu'ils sont et surtout de ce qu'ils pourraient nous apporter s'ils avaient la possibilité de se montrer tels qu'ils sont.

Nous avons choisi de développer les qualités du dyslexique après avoir remarqué que c'est l'atrophie de ces dernières qui crée leurs symptômes ; c'est aussi notre refus à nous — les non-dyslexiques — d'intégrer leur logique linguistique, syntaxique, expressive, qui, contrairement à ce que l'on croit, correspond à un esprit tout à fait structuré, conscient, intelligent et créatif.

Nous apprenons au dyslexique à devenir bilingue, c'est-à-dire à devenir capable, une fois éduqué, de pratiquer à la fois sa propre langue, dite « avec fautes », et le français standard qui lui permettra de s'intégrer dans la société dans laquelle il vit.

Dans ce livre, nous survolerons l'historique des troubles « dys. », nous découvrirons quelques dyslexiques célèbres, la naissance et l'évolution de notre démarche pluridisciplinaire, alliant le corps, les sens, les arts et la neurologie. Nous y apprendrons à mieux connaître ces dyslexiques si différents qui ne sont pour nous ni des « cas » ni des « patients », mais plutôt des collaborateurs en herbe, des êtres attachants nous livrant leurs témoignages, leurs écrits ou des anecdotes susceptibles de faire évoluer notre point de vue sur ce problème.

Notre méthode, Sensonaime, aide le dyslexique à aborder l'écrit de façon ludique ou presque, à ne plus vivre comme une punition ou une sanction l'apprentissage des lettres et des symboles graphiques et à être heureux comme tous les enfants qui font ces apprentissages de façon quasi automatique.

Nous utilisons la musique et le chant, la danse et les lallations, les rimes et les rythmes, les rires et les mouvements du corps, les gestes et la conscience des articulations pour inscrire dans le cerveau, dans le cœur et dans l'être même de l'enfant ce qui semble décidé à lui résister.

L'espoir est au prix de ce déploiement d'énergie permettant l'émergence d'une vitalité, d'une vivacité, d'un savoir-faire et d'une volonté d'être qui efface tous les interdits proférés par la nature.

1

Qu'est-ce que la dyslexie ?

« Intelligent en toute autre matière, l'enfant n'arrivait pas à lire. Il avait 13 ans : à 13 ans, les leçons de lecture devraient être terminées depuis longtemps. Il n'arrivait pourtant pas à lire ou, tout ce qu'il pouvait lire, c'étaient des mots comme "chat" ou "rat"[1].

En conséquence de quoi, il est mort, ce qui semble une punition démesurée pour être mauvais en lecture. Le tramway qui passe sur le Southend Pier est électrifié. Des grilles le clôturent. Quelles grilles peuvent empêcher un garçon de les franchir ? Mais, en plus des grilles, il y avait des écriteaux mettant en garde ceux qui s'approchaient contre le danger présenté par le rail sous tension.

Si l'enfant avait pu lire les écriteaux, il n'aurait pas franchi la grille. Mais les écriteaux ne lui disaient rien, puisqu'il n'était capable de reconnaître que les mots les plus simples. Il franchit donc la grille et mourut en s'électrocutant.

Le monde est ainsi fait, un monde plein de périls pour ceux qui ne sont pas capables d'apprendre à lire. C'est forcé. Nous ne pouvons pas clôturer chaque danger pour éviter aux analphabètes de s'y

1. M. Critchley, extrait de l'*Evening News* du 9 août 1926.

heurter. Il existe un enseignement libre et obligatoire : chacun au minimum a l'occasion de suivre ses cours à l'école. L'activité du monde fonctionne à la condition que chacun puisse au moins déchiffrer les mots.

Nous sommes soumis au mot écrit. Nous vivons au milieu de panneaux et d'écriteaux, qui nous enjoignent de faire telle chose ou d'éviter de faire telle autre. Tenez votre droite, nous dit-on, ou ailleurs tenez votre gauche. Tel escalier nous amène au train en direction de l'ouest ; tel autre au train en direction de l'est. Sortie et Entrée ; Propriété privée ; Les contrevenants seront poursuivis ; Entrée du souterrain ; les noms des rues et les noms de stations — tout cela nous est proclamé par l'étonnant truchement des lettres, chœur de voix qui n'émettent aucun son.

Il nous est difficile de comprendre le cas de ceux pour lesquels tous ces signes et avis ne disent rien. Il leur faut se mouvoir comme sans orientation, comme s'ils étaient aveugles et sourds. Aucun avertissement ne les atteint, pas même celui de l'écriteau qui, comme celui du tramway de Southend, crie : « Attention danger ».

Ils vaquent pourtant à leurs affaires dans cette obscurité, dans ce silence. Ils vont à leur façon, tenant leur modeste place auprès des gens qui savent lire. »

Définition de la dyslexie

« Je fais des fautes
Ce n'est pas de ma faute
Il faut en finir ! me dit
Celui qui n'a jamais de doute

Pourtant si avec un peu d'encre, un tout petit rien, un geste presque anodin
Ma faute devient une flûte... avant d'être un zut
J'entends bien de la musique
Là où
Il n'entend... rien. »

En donnant de la dyslexie une définition minimale purement descriptive : « Troubles touchant les enfants qui, malgré une expérience scolaire classique, ne parviennent pas à la maîtrise du langage nécessaire pour acquérir la lecture, l'écriture et l'orthographe en rapport avec leurs aptitudes intellectuelles », nous sommes conduits à faire une remarque : dans la société, l'écriture a pour fonction d'une part d'assurer la transmission du savoir et des connaissances de génération en génération d'un bout à l'autre de la planète, d'autre part de fixer des contrats entre individus, contrats qui échappent à l'oubli et à la mauvaise foi, contrats qui fondent la vie sociale.

Un dyslexique est donc, dans le cadre de la société moderne, un être fragile. Il est alors nécessaire de réfléchir sur la nature profonde de ce trouble, car la méconnaissance de la physiopathologie peut être responsable d'erreurs d'interprétation. De diagnostic relativement aisé, d'étiologie encore obscure, la dyslexie évolue de façon capricieuse pour disparaître parfois totalement ou s'installer définitivement, faisant de l'enfant, dans ce dernier cas, un handicapé à vie, un marginal et un exclu.

Cependant, il n'existe pas de définition incontestée de la dyslexie. Tel enfant « inverse tout », la droite et la gauche, les « b » et les « d », lit « clo » au lieu de « col », « guel » au lieu de « gel », écrit les lettres à l'envers. Tel autre a parlé tard et possède une graphie illisible. La plupart finissent par apprendre à lire mais difficilement et font un nombre incroyable de fautes d'orthographe. Définir la dyslexie par le type des erreurs commises n'est pas suffisant. Il est plus intéressant de tenir compte des mécanismes sous-jacents, car ils vont permettre de définir des sous-types potentiellement accessibles à des traitements spécifiques. Certaines dyslexies sont liées à une difficulté première à manipuler les sons du langage ; d'autres à une difficulté à traiter l'image visuelle de la lettre et des mots écrits. On conçoit aisément que chacun de ces types implique un travail de rééducation différent.

Mais la définition la plus communément utilisée aujourd'hui, en particulier dans le domaine de la recherche, est celle fournie par l'Organisation mondiale de la santé (OMS), sous la rubrique F81 intitulée « troubles spécifiques du développement des aptitudes scolaires », rubrique incluant elle-même trois chapitres : trouble spécifique de la lecture (F81.0) ; trouble spécifique de l'orthographe (F81.1) et trouble spécifique des aptitudes arithmétiques (F81.2). Bien qu'il ne soit pas inintéressant de discuter des relations entre ces trois entités, très souvent associées chez un même enfant, seule la première nous intéressera ici, celle qui correspond à l'appellation plus commune de dyslexie. Voici les critères permettant, selon l'OMS, d'en faire le diagnostic :

A. L'un des deux points suivants doit être présent :

1. un score de capacités de lecture et/ou de compréhension se situant au moins deux erreurs standard en dessous du niveau attendu sur la base de l'âge chronologique et de l'intelligence générale de l'enfant, les aptitudes de lecture de même que le

QI (quotient intellectuel)[1] étant évalués sur un test administré individuellement et standardisé par rapport au niveau culturel et au système éducatif de l'enfant ;

2. un antécédent de difficultés sévères de lecture, ou des scores aux tests satisfaisant au critère précédent mais à un plus jeune âge, plus un score à un test d'orthographe se situant au moins deux erreurs standard en dessous du niveau attendu sur la base de l'âge chronologique et du QI de l'enfant.

B. Le trouble décrit au critère A interfère de façon significative avec la réussite scolaire ou les activités de la vie quotidienne nécessitant des aptitudes de lecture.

C. Le trouble n'est pas la conséquence directe d'un déficit d'acuité visuelle ou auditive, ou d'une affection neurologique.

D. Les expériences scolaires sont dans la moyenne de ce que l'on peut attendre — c'est-à-dire qu'il n'y a pas eu d'inadéquation majeure dans la scolarisation.

E. Critère d'exclusion très habituellement utilisé : on élimine de la classe des dyslexiques les enfants dont le QI est inférieur à 70 sur un test standardisé administré individuellement.

On peut se demander en quoi une définition en apparence si imprécise peut être préférable à une définition seulement descriptive. En fait, son intérêt réside précisément dans son aptitude à « cerner le problème » en fixant les limites entre ce qui est et ce qui n'est pas une dyslexie. C'est ce qu'on appelle des critères d'exclusion : il n'y a pas de trouble visuel ou auditif, pas de maladie neurologique, la

1. Quotient intellectuel : pour les enfants, rapport de l'âge mental déterminé par des tests de niveau intellectuel. Pour les adultes, indice de la supériorité (ou de l'infériorité) de leur efficience intellectuelle appréciée par des tests.

fréquentation scolaire correspond à la norme, l'intelligence est correcte. Si malgré tout cela l'enfant ne réussit pas à apprendre à lire, c'est qu'il est dyslexique ! Plus sérieusement, dans l'état actuel des connaissances, c'est ce type de définition qui doit être utilisé dans tous les travaux à Paris ou à Boston, à Lisbonne ou à Berlin, si l'on veut que le travail de recherche ait une quelconque utilité pour l'avancement des connaissances. Quoi qu'il en soit, on remarquera que le critère principal repose sur une mesure qui fait référence à des tests de lecture auxquels l'enfant doit réaliser une performance inférieure à deux écarts types de la moyenne de la population de même âge et de même intelligence. On notera également, à ce propos, que le dernier critère élimine du cadre de la dyslexie les enfants ayant un quotient intellectuel inférieur à 70, c'est-à-dire ceux à qui s'applique le terme de retard mental. On remarquera enfin qu'il n'est pas fait référence, dans ces critères d'exclusion, à d'éventuels troubles psychiatriques, ce qui signifie qu'en théorie du moins le terme de dyslexie s'applique également aux enfants qui n'apprennent pas à lire convenablement dans un contexte de pathologie affective sérieuse, le trouble psychiatrique jouant sans doute plutôt, dans la grande majorité de ces cas, un rôle favorisant ou aggravant d'une dyslexie avérée.

Soulignons, pour terminer, le deuxième point du premier critère, qui permet d'inclure dans la définition tout adulte qui aurait présenté un défaut d'apprentissage, mesuré de la même façon, durant son enfance, mais n'en garderait qu'un déficit objectif au niveau de l'orthographe.

Comme on le voit, la dyslexie peut entraîner de nombreux inconvénients, du stress à de graves troubles du comportement en passant par une anxiété généralisée et une dépression. Elle peut aussi être à l'origine d'illettrisme et d'analphabétisme, avec des retentissements importants sur la scolarité (retard, décrochage scolaire), sur les possibilités de choix au moment des recherches d'emploi ; créant une dépendance certaine, elle engendre souvent une grande souffrance morale.

Quant aux symptômes, ils sont divers, varient d'une personne à l'autre et peuvent prendre plusieurs formes qui, toutes, sont à l'origine d'une ou de plusieurs difficultés telles que :

— apprendre l'alphabet,
— apprendre à écrire,
— faire la distinction entre les lettres (par exemple le *b* et le *d* ou le *p* et le *q*),
— lire un mot ou un texte,
— épeler,
— lire l'heure,
— apprendre les tables de multiplication,
— suivre un itinéraire,
— différencier la gauche de la droite, l'est de l'ouest,
— s'exprimer par écrit,
— trouver le « mot juste »,
— énoncer clairement ses idées en parlant.

La rééducation peut permettre aux personnes dyslexiques d'accroître leur estime de soi, de maîtriser la lecture et l'écriture, de poursuivre leurs études dans des directions diverses, de choisir facilement un emploi, de développer leurs talents, bref de s'épanouir.

Les dyslexiques célèbres

De nombreux dyslexiques, malgré leurs difficultés ont réussi leur vie personnelle et professionnelle, certains même sont des personnalités célèbres unanimement reconnues, citons, sans prétention d'exhaustivité :

Hans Christian Andersen
Marlon Brando
Cher
Agatha Christie
Winston Churchill
Tom Cruise
Léonard de Vinci
Walt Disney
Thomas Edison
Albert Einstein
Michael Faraday
Whoopi Goldberg
Bruce Jenner
George Patton
Nelson Rockefeller
Auguste Rodin
Jackie Stewart
George Washington
Woodrow Wilson
Henry Winkler (The Fonz dans la série *Les Jours heureux*)
Napoléon
Steven Spielberg
Michel-Ange
Joseph Turner
Le prince Charles

Parmi tous ces noms nous accordons une place toute particulière à Léonard de Vinci.

« Son éducation différa beaucoup de celle de ses camarades florentins qui apprenaient, non seulement, le latin, mais encore, le grec. Le Byzantin Argyropoulous l'enseignait, depuis 1456, dans la ville du lys rouge, devenue le centre d'une académie néoplatonicienne. Léonard ne put jamais passer pour un lettré et c'est vers 40 ans qu'il accéda, tout seul, aux classiques latins, en s'attaquant à Ovide. Les carnets de l'artiste nous démontrent d'ailleurs, que la langue qu'il utilise est le toscan parlé et rural, plus soucieux de phonétisation que d'orthographe. C'est celle, non d'un illettré, mais d'un homme sans lettres. Son manque d'instruction allait de pair avec son manque d'ambition matérielle et tous deux étaient voulus. G. Sarton accorde à ces deux faits une grande importance. Et de Santillana a pu faire une conférence sur les auteurs que Léonard n'a pas lus. Toute sa vie, il aura horreur du verbalisme et cela d'autant mieux que, dès son plus jeune âge, il se montre très adroit de ses mains et admirablement doué pour le dessin. Dans ces conditions, le concept, au lieu de se développer par un exposé théorique, s'exprime, pour lui, par un schéma. Sa pensée est graphique. Toute observation, toute expérience peut se dessiner et doit être objectivée par le constat d'un dessin » (A. Chastel).

C'est pendant son séjour à Rome (1513-1515) qu'il a présenté « les premiers symptômes d'une affection neurologique qui devait aboutir à une paralysie de la main, dûment constatée deux ans avant sa mort. Les mains de Léonard ayant une importance particulière, il faut noter que, malgré la déformation présentée par son index gauche (pour une raison d'ailleurs inconnue) déformation attestée par un croquis du *Codex atlanticus* il était certainement gaucher (*mancino*)[1] ».

Les tout premiers carnets de Léonard traitent de

1. *In Léonard de Vinci — dessins anatomiques*, présentés par P. Huard, R. Dacosta, Paris, 1968, pp. 9-10 et 17.

questions techniques et nombre de leurs pages sont uniquement consacrées à la reproduction de machines ingénieuses. Mais dès le premier, ou presque, le sens si pénétrant de la construction qu'avait Léonard et son inlassable curiosité donnent à ces notes sur des questions purement techniques une valeur plus générale. Il ne se contentait pas d'analyser le fonctionnement d'un appareil. Il souhaitait découvrir le pourquoi de son fonctionnement et c'est cette curiosité qui transforma le technicien en savant [1].

Léonard de Vinci avait un goût prononcé pour les démonstrations qu'il souhaitait parfaitement claires et rigoureuses, aussi fournissait-il toutes les preuves nécessaires pour qu'elles fussent inattaquables. Il répétait inlassablement la même démonstration, dans diverses parties des manuscrits, au lieu de risquer une affirmation approximative. Il n'appréciait pas les chemins faciles, les observations hâtives. C'est pourquoi il n'aimait pas les résumés.

Sa tournure d'esprit l'éloignait de ceux qui proféraient des idées générales ; passionné d'exactitude et de précision, il préférait répéter une preuve plusieurs fois pour chaque cas particulier, et sa défiance à l'égard des généralisations l'empêcha, croit-on, d'être le premier à pressentir certaines découvertes ultérieures, entre autres celle de la circulation du sang. Les mathématiques étaient la seule forme d'abstraction qui emportait son assentiment car, au fond, il ne les tenait pas pour une abstraction. « Critiquer la certitude absolue des mathématiques c'est se repaître de confusion et s'ôter le moyen de réduire les contradictions des sciences sophistiques, dont on ne tire éternellement

---

1. K. Clark, *Léonard de Vinci*, Librairie générale française, 1967, pp. 114-118.

que du bruit. » « Il n'y a aucune certitude scientifique qui ne soit mathématiquement démontrable[1] », écrivait-il.

Gérard Mourgue dans son essai intitulé sobrement *Léonard de Vinci*[2] scrute l'intimité du peintre, et rapporte l'anecdote suivante :

« Une fois resté seul, Léonard alla chercher, dans un coin secret, son premier dessin : *Paysage du val d'Arno*. Il avait écrit de sa main : "Ce qui m'a sauvé c'est de ne pas savoir le latin." Il gardait pour lui cette profession de foi à lui-même. C'était une sorte de talisman. »

« La véritable écriture de Léonard, nous dit G. Mourgue, c'est le dessin. Adepte d'une précision quasi légendaire, il alliait aux nécessités mathématiques les recherches subconscientes et la beauté plastique infaillible parce qu'elle fait partie de lui-même et de sa personnalité fondamentale. C'est pourquoi le graphisme devient son moyen d'expression préféré, son langage véritable, son moyen de transmettre son univers d'idées. Sa "mise en page" du moindre croquis, sur des feuilles de tous les formats, est infaillible. Il su mettre en valeur la plastique et la dynamique des traits qui s'animent sous nos yeux[3]. » Ici, telle courbe d'une échelle de corde monte à l'assaut d'un mur fortifié enjambant le fossé rempli d'eau qui entoure les murs, là, se dresse une sorte de machine montée sur un chariot, ingénieuse préfiguration de nos grues modernes, avec leur contrepoids et leur système d'engrenages. Une roue de transmission ou un détail de chaînes à articulation, tout ce qu'il dessine est inventif, créatif. Dans son œuvre, la rapidité de

1. K. Clark, *op. cit.*, p. 118-119.
2. G. Mourgue, *Léonard de Vinci*, France-Empire, Paris, 1968, pp. 23-24.
3. G. Mourgue, *in op. cit.*, pp. 235-236.

l'esquisse, les lignes de fuites indiquées avec une apparente désinvolture, le trait plus ou moins appuyé, plus ou moins insistant, proposent une leçon de rigueur, de force de caractère et de dépouillement quasi ascétique. Le « véhicule doté d'autonomie de mouvement », par exemple, d'une simplicité absolue, conduit à l'Absolu, si l'on veut bien le regarder. Cette tentative de représentation graphique des lois de la traction, inspirée du travail dans les champs — le bœuf est à gauche, il tire neuf lignes de forces, *qui sont la portée de la musique de son travail* — est stupéfiante. Des cercles correspondent à ce travail, statiques, alors que l'animal est dynamique. Les traits d'encre, au-dessus de l'échine du bœuf, lancés dans la direction de son effort font comprendre que l'animal va faire basculer cet ensemble et l'entraîner dans la direction voulue. Un graphisme aussi dépouillé que celui des dessins de l'ancienne Chine dégage une impression de force tranquille. Les différentes qualités que nous venons de souligner et qui portent la marque du génie auraient-elles pu résister à la rigueur d'une rééducation en quête avant tout de perfection formelle. Sans rééducation, malhabile à écrire de gauche à droite comme tout le monde et gaucher en plus, nous donnant des textes à lire avec un miroir, Léonard a su garder pour lui-même le secret de son génie ; il a su sublimer plusieurs choses pour transformer en traits de feu chacun de ses coups de crayon, chaque esquisse qui sortait de sa plume, chacun de ses coups de pinceau. Aucun rééducateur ne regrettera cela. »

Nous voulons aussi évoquer un autre grand dyslexique, il s'agit d'Auguste Rodin.

Le jeune Rodin, timide et handicapé par une forte

myopie, ne tire aucun profit de son passage à l'école du Val-de-Grâce où les frères des écoles chrétiennes assurent l'éducation de la plupart des petits Parisiens. Il avoue lui-même n'avoir rien retenu de ces années-là. Devant cet échec, son père l'envoie à Beauvais dans la pension tenue par son oncle Hippolyte. C'est un nouvel échec et, quand ce dernier décide de le renvoyer à Paris, le jeune Auguste lit et écrit avec difficulté et sait à peine compter. Il a alors 14 ans, l'âge où un jeune garçon doit apprendre un métier.

Auguste n'a pas encore d'idée très précise sur son avenir. Il passe beaucoup de temps à la bibliothèque Sainte-Geneviève inaugurée quatre ans plus tôt. En consultant par hasard des livres de gravures d'après Michel-Ange, c'est la révélation : il décide qu'il fera carrière dans le dessin. Mais Jean-Baptiste Rodin, son père, ne considère pas le métier d'artiste comme sérieux ; il nourrit pour son fils des ambitions plus conformes à sa situation sociale. Auguste s'entête, ne démord pas de son idée. Le père se laisse enfin fléchir par sa femme et sa fille : Auguste entre à l'École impériale de dessin, rue de l'École-de-Médecine.

La première année d'étude étant consacrée au dessin, Rodin ne connaît encore rien de la sculpture. C'est par hasard qu'il découvre son existence : en poussant un jour la porte de la salle de modelage, il comprend quelle est sa véritable vocation. Pour Rodin, comme pour beaucoup de sculpteurs du XIXe siècle, la sculpture restera synonyme de modelage. Sa dextérité, sa rapidité à malaxer la terre, bref son savoir-faire immédiat et le plaisir éprouvé lui confirment qu'il a trouvé sa voie : « Je fis des morceaux séparés, des bras, des têtes ou des pieds ; puis j'attaquai la figure entière. Je compris l'ensemble d'un coup. Je faisais cela avec autant de facilité qu'aujourd'hui. J'étais dans le ravissement. »

En 1857, il reçoit deux premiers prix de dessin d'après l'antique. À dix-sept ans, sûr de sa vocation et poussé par ses professeurs, il songe tout naturellement à entrer aux Beaux-Arts.

Il se présente à trois reprises à ce concours et, chaque fois, il est rejeté. Ce refus est le prélude de bien d'autres. Ses amis, qui admirent son talent, ne comprennent pas les raisons de ces rebuffades. Trop marqué par l'esprit et la manière du XVIIIe siècle qui règne à la Petite École, Auguste Rodin est en totale opposition avec l'esprit classique de David qui impose ses normes à l'École des beaux-arts. Or ne pas correspondre aux normes, cela signifie ne pas avoir de commandes, et un sculpteur ne peut envisager un seul instant de vivre sans celles-ci : l'atelier, les matériaux — terre, plâtre, blocs de marbre —, la fonte et la patine des bronzes réalisées par des tiers, les modèles, les collaborateurs, tout coûte cher.

À l'âge adulte, Rodin est définitivement lancé dans le monde des artistes, choyé et courtisé, mais porte encore en lui les traces ineffaçables de sa dyslexie. Qui pourrait lui en tenir encore rigueur, lui qui fait salle comble à chaque exposition, lui qui est invité partout et dont l'œuvre désormais s'impose. Aucun rééducateur ne regrettera de n'avoir pas su ou pu enfermer ses mains habiles à créer des formes dans le simple maniement des lettres et des mots. Certes, il n'arrive à distinguer ni lettres ni mots au point de ne pas savoir lire même à l'âge de 14 ans, mais il possède le don suprême de « savoir voir ». Il donne forme à la terre glaise ; d'un morceau de mur, il peut tirer un buste, un visage, un être vivant. Sa main est faite pour créer la vie et non pour tracer des lettres à la manière d'un copiste.

Outre Léonard de Vinci et Auguste Rodin, plusieurs dyslexiques connaissent la célébrité. C'est le cas des écrivains Hans Christian Andersen, Irving, Agatha Christie, Gustave Flaubert et du grand poète W. B. Yeats. Mais la liste des dyslexiques comporte aussi de très grands noms de la science, comme nous l'avons déjà signalé.

Il est curieux de constater le nombre de très grands acteurs et actrices qui souffrent de cette affection. Citons seulement Marlon Brando, Tom Cruise, Whoopi Goldberg, Woody Harrelson, Salma Hayek, Anthony Hopkins et Bob Hoskins.

Après tout cela nous n'avons pas fini de rendre hommage à ceux et celles qui ont eu à pâtir de ce handicap. Nous notons que les personnages célèbres qui avouent être dyslexiques, le revendiquant parfois haut et fort, sont pour la plupart anglo-saxons. Il reste beaucoup de chemin à parcourir en Europe, pour que les dyslexiques avouent leur différence, sans craindre l'incompréhension ni le jugement des autres, sans avoir à subir les réflexions habituelles : « Moi aussi, je suis dyslexique, mais de l'oreille gauche seulement », ou bien : « Eh bien, ça ne se voit pas, je ne m'en serais jamais douté », ou encore : « Quel dommage ! tu avais pourtant l'air d'être quelqu'un de bien. »

Le diagnostic de la dyslexie

Les dimensions du problème de la dyslexie sont telles que, aujourd'hui encore, peu d'auteurs osent intituler un chapitre « Diagnostic de la dyslexie ». Les frontières entre cette affection déroutante et de nombreuses autres pathologies (dysphasie[1], troubles psychiques, retard simple ou grave de langage, audi-mutité[2]...) sont si ténues et cependant si marquées qu'on préfère parler de pistes de recherche ou d'approche multifactorielle. La vérité paraît résider en partie dans cette dernière formulation. Parler donc du diagnostic de la dyslexie, c'est à la fois parler des symptômes et des causes des mécanismes physiopathologiques dans un seul et même mouvement. Ce qui montre le caractère résolument inter et multidisciplinaire d'une affection qui garde son secret profond, car entre un trouble psychologique pur et l'existence d'une anomalie somatique et biologique, il n'y a pas toujours simple coïncidence et cette constatation ne permet de plaider dans aucun sens.

Dans ce domaine apparemment très exploré, mais différemment balisé par les uns et les autres et hanté de fantasmes qui angoissent parents, patients et rééducateurs, plusieurs théories d'origine et d'horizons différents s'affrontent pour essayer de trouver l'essence de cette affection : depuis de Maistre (1958) qui considère comme dyslexique tout enfant éprouvant des difficultés dans l'apprentissage de la lecture et de l'orthographe, en passant par Chassagny (1972) qui englobe sous ce terme tous les mal-lisants et mal-écrivants, par troubles de la lecture et de l'orthographe, jusqu'à M. Critchley (1974), Willems (1979), Debray (1979) qui réservent les termes de dyslexie-dysorthographie à des troubles spécifiques dont la description est conforme à des normes précises, ce

1. Dysphasie : trouble spécifique primitif, sévère et durable du développement du langage oral, affectant ce dernier dans sa structure et sa fonction.
2. Audi-mutité : mutité congénitale non associée à une surdité.

dysfonctionnement suscite des recherches qui se poursuivent encore.

Bref, chez un enfant dont le QI est supérieur ou égal à 90 dans l'une et l'autre échelle (verbale ou non verbale) du Wechsler[1] pour enfant (ou Wisc) ou dont le score est équivalent dans une épreuve d'intelligence générale et dont la scolarité est normale, des difficultés sélectives et durables en lecture et en orthographe occupent l'attention de nombreux chercheurs.

Ces éléments posés, on peut écarter plus ou moins aisément ce qui n'est pas de la dyslexie-dysorthographie.

Une parenthèse ici est nécessaire pour écarter la dysphasie de la dyslexie.

La dysphasie est un trouble primitif de l'acquisition des aptitudes de parole et de langage survenant en l'absence de pathologie neurologique évidente.

La dysphasie et la dyslexie représentent deux entités distinctes à plusieurs titres : l'âge de survenue des troubles, leur nature et les signes associés en font des affections différentes. La plupart des enfants dysphasiques deviendront dyslexiques ultérieurement, ce qui est normal quand on sait que l'intégrité du système phonologique[2] est nécessaire pour l'apprentissage de la lecture.

Mais à quoi reconnaît-on les dyslexiques ?

Par des signes cliniques décelables ? Oui, mais en partie seulement, car les fautes réputées typiques ne le sont que le temps d'un examen, elles sont

1. Échelle de Wechsler ou Wise : groupe d'épreuves utilisées en psychiatrie, pour déterminer, chez l'adulte, le quotient intellectuel.

2. Système phonologique : répertoire, pour une langue donnée, des différences signficatives entre les images acoustico-motrices, *La Linguistique*, Guide alphabétique, Denoël, Paris, 1969.

chaque fois différentes : un texte bien copié à telle heure est bourré de fautes l'heure suivante. Ce qui est typique, c'est la persistance des erreurs et leur nombre, qui inquiètent et irritent parents et instituteurs. Ces erreurs sont omniprésentes à la lecture et en orthographe au cours des deux ou trois premières années d'apprentissage et sont suspectées au-delà de 7-8 ans.

Plusieurs auteurs mentionnent les erreurs commises par les dyslexiques :

1. une incapacité à prononcer un mot nouveau avec une tendance à conjecturer au petit bonheur sa structure phonétique : substitution devient « sustilution » ;
2. une impossibilité de détecter les différences entre les sons, les lettres et les mots : *ou* devient *on* ; *en* devient *ne* ; *p/b/q/d* sont confondus ainsi que *m/n* ; *qu* devient *gu* ; *u* devient *n* ;
3. une difficulté à ne pas perdre le fil de la lecture et un embarras à quitter avec précision l'extrémité située à droite d'une ligne d'écriture pour le début de la ligne suivante situé à gauche. Mosse et Daniels décrivent cette inaptitude sous le nom de « dyslexie linéaire » ;
4. des mouvements de lèvres et l'articulation à voix basse des sons pendant les exercices de lecture silencieuse ;
5. une impossibilité de lire avec une compréhension complète ;
6. une prononciation incorrecte des voyelles, par exemple flocon/flacon ;
7. une confusion entre consonne sourde et consonne sonore bord devient por, tombe/tompe, sauve/sofe, amusante/amusande, gâchette/cachette ;
8. un déplacement de lettres, ce qui peut

entraîner une inversion de sons : tir devient tri, ou tri devient tir, aéroport devient aréoport ; ou bien le mot entier peut être transformé : dans les graphies complexes notamment, ien devient ein, ion devient oin, ian devient ain ;

9. une addition de phonèmes[1] inappropriés réalisant des épenthèses[2] : bleu devient beleu, marteau devient mareteau ;

10. une suppression de phonèmes dans un ensemble consonantique : pati devient partir ; ou une omission de syllabes : médicament devient mécament ;

11. une erreur d'un type tout à fait différent se produit lorsque l'enfant substitue un son à un autre, un mot à un autre (*le* pour *la*) ;

12. une addition de mots inappropriés : « une fois pendant un temps c'était vrai », à la place de « une fois c'était vrai » ;

13. une omission d'un genre particulier constatée dans le phénomène dit de « refus » : ainsi l'enfant essayant de lire « un des plus intéressants » peut dire « un des plus » et s'arrêter net ;

14. des erreurs de segmentation dans l'écriture : « larmoire » pour l'armoire ; « je remai si » pour remercier ;

15. en lecture à haute voix : un non-respect du rythme, des phrases, de la ponctuation, des liaisons.

Outre les troubles de la lecture et de l'écriture, le dyslexique présente aussi des troubles du langage oral, comme le prouvent les tests de dénomination qui témoignent d'un accès déficient au lexique : le manque du mot est relativement fréquent, allant

1. Phonèmes : sons et bruits ou combinaisons de sons et de bruits utilisés dans la parole. Définition donnée par Fouché.

2. Épenthèse : apparition à l'intérieur d'un mot d'un phonème non étymologique. L'épenthèse se produit pour adoucir des articulations inhabituelles.

parfois jusqu'à de véritables troubles de la compréhension du langage oral.

Il faut noter aussi les difficultés d'apprentissage. Les règles de variation du *g* sont mal maîtrisées : garage devient garague, ou du *s* : faisant, devient faissant, ou du *c* : citron devient kitron, des erreurs de segmentation et d'ordonnancement dont les plus fréquentes réalisent des inversions visant plus la facilitation que la fréquence d'usage : *cla* qui devient *cal*, *sta* qui devient *sat*. Les groupes consonantiques ou vocaliques peuvent aussi être prononcés de façon erronée.

On note aussi des troubles de la mémoire immédiate : on prononce 6, puis 5, puis 4 mots devant l'enfant en lui demandant d'être attentif, il n'en retient que 3.

Finalement les erreurs des dyslexiques portent sur les consonnes, les voyelles, les syllabes, les mots qui peuvent être omis, substitués ou ignorés.

Mais le comportement global de certains dyslexiques mérite d'être souligné : ainsi pour un patient décrit par Faust, un neurologue allemand du XXe siècle, « un X majuscule suggérait un chevalet de scieur, un Y majuscule était un support de mât, un S un signe de circulation, un P majuscule, "quelque chose qui a à voir avec la police" et G était un arc avec un drôle de trait dedans ».

G. K. Chesterton[1], pour sa part, découvrait dans l'alphabet grec une étonnante réserve d'images : « Pour moi, les anciennes majuscules de l'alphabet grec, le grand Thêta (Θ), une sphère barrée en son milieu comme Saturne, ou le grand Upsilon (Y), dressé comme une coupe haute et creuse, ont toujours un charme et un mystère énigmatiques,

1. G. K. Chesterton cité par M. Critchley, *in La Dyslexie vraie*, Privat, Toulouse, 1974, p. 77.

comme s'ils étaient les caractères de large bienvenue tracés sur l'Éden de l'aube. Les minuscules grecques ordinaires, quoique je les connaisse bien mieux maintenant, sont pour moi de très vilaines petites choses, un essaim de moucherons. Quant aux accents grecs, j'ai heureusement réussi, après une longue série de trimestres scolaires, à éviter complètement de les apprendre ; et je n'ai jamais eu de meilleur moment de satisfaction que lorsque j'appris après coup que les Grecs ne les avaient jamais appris non plus... Mais c'est un simple fait psychologique que la vue d'une majuscule me remplit toujours de bonheur, la vue d'une minuscule, d'indifférence mêlée de dégoût, et les accents, d'une indignation vertueuse qui atteint le blasphème. »

Nous pouvons rapprocher ce comportement envers les signes linguistiques de celui des musiciens affectés par le symptôme de l'« oreille absolue », consistant à identifier chaque son par la fréquence qui le caractérise — ils peuvent donner le *la* à tout l'orchestre sans avoir besoin d'un diapason ni d'aucun objet de référence. Ils ont, en outre, une approche des notes très particulière : chacune devient une personnalité à part entière qu'ils décrivent avec une somme de détails remarquable.

Pour le lettré comme pour les gens peu habitués à lire des textes présentant des difficultés de niveau variable (vocabulaire, syntaxe...), la lecture comporte plusieurs niveaux. Elle requiert tantôt une attention lettre à lettre (par exemple pour le correcteur de manuscrits), tantôt une saisie flash, globale, des mots et phrases, tantôt une relecture infinie de belles pages poétiques.

La distraction, la fatigue, l'état émotionnel jouent

un rôle important dans la multiplication des fautes commises par le dyslexique.

Mais les troubles de la lecture ne sont jamais isolés. Des troubles de l'écriture y sont souvent superposables, et la calligraphie est généralement défectueuse. Entre autres défauts caractéristiques, outre des fautes d'orthographe, le dyslexique peut montrer : un désalignement, l'intrusion de majuscules d'imprimerie au milieu d'un mot, des omissions ou des répétitions de mots et de lettres, des déplacements de lettres, des signes de ponctuation bizarres, et une manière non orthodoxe de relier les lettres contiguës. Ainsi les raccords peuvent être très longs ou trop courts et les traits peuvent se couper. Une lettre peut fusionner avec la suivante pour former un amalgame bizarre, difficile à identifier hors de son contexte. Ce genre d'erreur porte le nom de « contamination ». Plus typiques encore sont les « néographismes », c'est-à-dire des symboles littéraux, étrangers à tout système reconnu de typographie et qui ressemblent à des boucles, à des « loops », disent les spécialistes.

Voici des exemples significatifs de l'écriture des dyslexiques dans lesquels on retrouve les erreurs les plus courantes : confusions d'ordre auditif (*c* et *g* par exemple), visuel (*u* et *n*), temporel (découpage erroné des mots, *m* et *n*), spatial (*p/b/q/d*), conscience phonologique déficiente, rythme d'écriture très lent, impossibilité ou difficulté à déchiffrer un texte qu'ils ont pourtant écrit, désorientation dans l'espace, dans le temps, concentration extrême, attention dispersée, volatile, fatigabilité importante, décrochages.

la télévision

qand ton proche la télé
mes (s-a) amis quel défilé
le négus le roi -des Gosse
-de vieux Gus -de grand Gosse
cendrillon dans son carross
la ~~vél~~ véloce carabasse
et quand c'est le plus
jolie, les enfant c'est
l heure au lit

Estelle

« La télévision
Quand on branche la télé, mes amis quel défilé
Le négus le roi d'Écosse
De vieux gus, de grands gosses
Cendrillon dans son Carosse
Le véloce carabosse et quand c'est le plus joli, les enfants c'est l'heure au lit. »
Estelle, 9 ans

« Les chats jouent au ballon, on organise une fête avec les copains, le travail est fini », voilà ce qu'écrit S., 8 ans.

« L'ais ja choutou palle, onor canisum fai davèquent laigos pain, le trrave l'est vainit »
Joseph, 12 ans

Quant à P., il raconte par écrit :
« Je joue au football tous les mercredis et un jour je serai un joueur professionnel », ce qui donne : « Cheui joà voudboal douli mredisierè un joueurentpr oevet son çels. »

La dyslexie reste un domaine fort complexe : bien des enfants, lorsqu'ils apprennent à lire et à écrire commettent des erreurs que l'on pourrait apparenter à la dyxlexie : l'écriture en miroir, les inversions, interventions, omissions ou substitutions, confusions (*b* - *d*), confusions kinétiques (*rat* - *tar*), élisions, additions de groupes de syllabes.

On porte généralement un diagnostic de dyslexie autour de 7-9 ans, ou plus tard si l'enfant n'a pas été bien suivi. Plusieurs tendances s'affrontent pour l'établir, mais les scientifiques et les médecins s'accordent pour dire qu'il nécessite un examen neuropédiatrique précis, un examen des fonctions corticales témoins du développement, un examen psychologique approfondi (QI, schéma corporel, latéralité, structuration temporo-spatiale, examen de la personnalité), ainsi qu'un bon examen du langage oral et écrit.

Il arrive fréquemment aux dyslexiques de ne pas pouvoir écrire les nombres, d'éprouver des difficultés en arithmétique et, sur un autre plan, de ne pas pouvoir dessiner. Mais gardons-nous de généraliser, d'autres brillent en calcul mental comme s'ils étaient plus à l'aise à certains niveaux d'abstraction qu'avec les lettres ou se révèlent d'excellents dessinateurs ou peintres, comme en témoigne M. Critchley [1] : « Il est intéressant de lire le point de vue d'un profane sur la relation qui existe entre le retard en lecture et une aptitude spéciale en dessin et en peinture.

« M. Augustin Filon, qui fut tuteur du prince impérial, fils unique de l'empereur Napoléon III, éprouvait de grandes difficultés à apprendre à son élève les éléments de la lecture, de l'écriture et de l'orthographe. Mais son élève était étonnamment doué sur le plan artistique. Au sujet de son talent, Filon écrivait : "... ce don étonnant qui caractérisait le prince, la mémoire des contours et des couleurs, était peut-être l'une des raisons qui lui rendaient si difficile la connaissance de l'orthographe. Lorsqu'on prononçait un mot devant lui, il voyait en esprit l'homme ou la chose, et non un mot imprimé."

« Ses tuteurs ont eu beaucoup de difficultés à lui apprendre à lire et à écrire, quoiqu'il ait été très doué en dessin. »

Des problèmes de perception visuelle (déséquilibre oculaire, rivalité visuelle), auditive

1. *La Dyslexie vraie...*, *op. cit.*

(hypoacousie[1]), de dominance cérébrale, des lésions du cerveau *in utero*, l'immaturité cérébrale, des considérations psychiatriques, génétiques, des troubles de la personnalité ont été évoqués pour expliquer la dyslexie. Mais aucun argument définitif ne peut être retenu : la dyslexie reste difficile à cerner.

Cependant, il ne faut pas confondre la perte pathologique d'une fonction avec sa non-installation.

On sait que le geste fait non seulement l'action mais embraie sur le langage et sur la pensée ; que le désir fait le geste ; que l'autre est l'objet du désir et que celui-ci est ambivalent ; que l'être s'investit dans des situations électives ; que tout est vécu par le sujet dans une relation comportant d'incessants mouvements d'avance-recul, de retours, de circularité, qui, du fait de la maturation et de l'évolution, prennent l'allure d'une spirale. L'individu repasse sans cesse par les mêmes stades. De même qu'on a abandonné la notion de centres anatomiques fixes dès le début de la vie, pour celle de régions fonctionnelles plus mobiles et pouvant se compenser, on peut dire que les fonctions elles-mêmes se comportent comme des centres. Elles seront fortement investies dans certaines structures que ce soit en positif ou en négatif, plus, elles constitueront des « modes d'être ». Ceux-ci sont vécus par le sujet avec la conviction qu'ils réalisent le seul authentique vécu, tout le reste étant de ce fait dévalué.

De l'étude de ces données il ne faut écarter aucun facteur. Bien entendu, une lésion organique, neurologique, ou un trouble reconnu comme

1. Hypoacousie : diminution de l'acuité auditive.

probablement ou possiblement héréditaire, s'y intègrent de façon péremptoire.

En effet, l'évolution d'une structure ne dépend que peu ou plus de l'évolution des facteurs qui y sont entrés en jeu. Le mouvement n'est pas continu, il procède par étapes, s'arrête à des paliers.

Mais la faiblesse des virtualités du désir, la force des défenses, l'isolement ou le rejet affectif, l'insuffisance ou l'inadaptation du milieu environnant, l'inadéquation de la pédagogie, par exemple, peuvent aussi figer des structures, désormais en proie à la pulsion de mort. À la limite, tout se passe comme si était intervenue d'emblée une lésion organique qui constituerait la cicatrice.

Pour activer un mouvement évolutif figé dans une structure, il faut tenter d'agir à la fois sur les causes paraissant les plus importantes, mais également, simultanément, sur le sujet dans son ensemble. Le minimum à obtenir pour le rééducateur sera d'amener le sujet à désirer le développement de la fonction.

Avant la lecture et l'écriture, l'enfant aura eu l'occasion de bien des fixations. Tout homme humanisé est un homme qui parle. Ou bien c'est qu'il présente un grave déficit intellectuel ou une grave psychose primitive. Mais très peu d'humains lisent et écrivent. Dans la plupart des civilisations, ces activités étaient réservées à certaines castes, des prêtres, des érudits. Seule notre civilisation du signe, de l'intelligence discursive, tend à les universaliser. Mais cela n'est aucunement nécessaire. En tout état de cause, la lecture n'est pas une activité naturelle ou primordiale mais secondaire et contingente, occasionnelle pour l'homme. Cela seul peut faire douter du caractère « organique » de son inaptitude. La dyxlexie est sûrement très différente de l'alexie lésionnelle[1], comme le manque d'aptitude pour la musique l'est de l'amusie[2].

Dans notre société, on sait que la fluidité et la richesse du langage sont le propre de certaines classes et que son usage plus schématique, davantage centré sur l'action, qui rend plus difficile le passage aux signes du langage écrit est celui des classes défavorisées. Or le langage écrit est celui du récit, non de l'action.

Pour lire, il faut que la pensée soit apte à suivre une rédaction ; pour écrire, il est nécessaire qu'elle soit devenue capable de rédiger, et l'on sait avec quelle lenteur ce processus progresse chez l'enfant et à quelles limites il s'arrête le plus souvent chez l'adulte. Il faut longtemps pour que ce symbolisme au second degré devienne symbolisme direct. La lecture comporte la transformation de l'audition en vision-audition. Les figures graphiques ne sont plus vues mais entendues.

Dans la lecture, dans l'écriture, dans l'orthographe, entrent des facteurs extrêmement complexes de la pensée, parmi lesquels on n'a encore étudié — et probablement est-ce seulement un début — que les notions d'orientation dans l'espace et de succession dans le temps. Toutes les questions de la perception et de la pensée nécessitent encore un important travail de réflexion, d'approfondissement.

Les codes et structures lexicaux et orthographiques, parce qu'ils ne sont pas indispensables à tous les hommes, sont à la fois plus artificiels, moins intégrés et moins stables que ceux du langage oral.

Si on envisage un instant les troubles de la

1. Alexie lésionnelle : incapacité de reconnaître le sens des mots écrits, due à une lésion cérébrale.

2. Amusie : la perte de la capacité de chanter ou de reconnaître une musique.

latéralité en particulier la gaucherie, l'ambidextralité, l'écriture en miroir comme des phénomènes pouvant annoncer et dénoncer de loin une dyslexie à venir, on peut être déçu. Marian Annet, célèbre théoricienne de la latéralité, arrive en effet à la conclusion[1] que l'incidence d'une latéralité manuelle atypique (gauchers, ambidextres) est anormalement haute chez les dyslexiques de type phonologique, alors que, fait étonnant, on retrouverait dans la dyslexie visuelle un taux anormalement fort de droitiers.

Depuis Morgan et Hinschelwood, on connaît des familles de dyslexiques. Troubles du langage et troubles de la latéralisation sont retrouvés dans ces familles. En 1950, Hallgren étudie systématiquement le problème de l'hérédité de la dyslexie. Selon ses statistiques, les pourcentages de formes familiales de dyslexie vont de 88 % (1950) à 70 % (1965). En colligeant l'ensemble des cas publiés, il conclut à une concordance de 100 % des cas de jumeaux monozygotes (« vrais » jumeaux ayant exactement le même capital génétique) et de 33 % des cas de jumeaux dizygotes (« faux » jumeaux qui ne partagent ni plus ni moins de gènes que des frères et sœurs).

En comparant les aptitudes en lecture de paires de jumeaux monozygotes et dizygotes l'équipe de Richard Olson, de l'université du Colorado, a constaté que les performances en lecture de deux vrais jumeaux sont beaucoup plus proches entre elles que celles de faux jumeaux, en particulier pour les tests basés sur une procédure phonologique. En revanche, cette différence entre vrais et faux jumeaux disparaît pour les aptitudes lexicales, ce

1. M. Annet citée par M. Habib, *Dyslexie : le cerveau…*, *op. cit.*, p. 236.

qui suggère que les processus phonologiques représentent la base héritable des aptitudes en lecture.

Grâce à des études moléculaires, on peut à présent approcher les gènes impliqués dans la transmission de la dyslexie. Il semble donc que pour un certain nombre de familles de dyslexiques, le gène responsable de la transmission se situerait sur le chromosome 15. Pour d'autres, le chromosome 1, puis — plus récemment — le chromosome 6 seraient incriminés. À la lumière des résultats obtenus jusqu'ici, il n'y aurait pas un gène de la dyslexie, mais sans doute plusieurs, ce qui ne permet toutefois pas, pour le moment, d'établir une théorie génétique solide, si ce n'est que, dans la majorité des cas familiaux, une transmission autosomique dominante paraît probable.

Plusieurs études assez récentes, N. Geschwind et Behan (1982, 1984), N. Geschwind et Galaburda (1985) établissent des liens potentiels entre dyslexie et gaucherie, entre dyslexie et maladies immunes, mais d'autres ne retrouvent aucun lien entre ces deux dernières.

Ces multiples recherches montrent le résultat pratique de toutes ces étiologies à la fois multiples et probables et, malheureusement, un certain manque de concertation entre les diverses disciplines concernées pour venir en aide aux victimes de la dyslexie.

Un autre exemple d'argumentation illogique est que la dyslexie n'existe pas, ou si elle existe qu'elle est incurable. Les neurologues, pour la plupart dans les faits, n'approuvent pas une attitude nihiliste en matière de diagnostic ; certains ont même constitué dès 1968 un groupe de recherches sur la dyslexie évolutive comprenant un corps international d'experts — en neurologie, en pédiatrie, en psychologie — et des enseignants.

Cette démarche visait à pousser à la reconnaissance officielle de la dyslexie et à plaider pour un dépistage approprié des cas, suivi d'un enseignement adapté aux enfants atteints de cette affection.

Notre rencontre avec le dyslexique et son entourage

Lorsque des parents se présentent en consultation avec leur enfant pour faire ce que l'on nomme communément un « bilan orthophonique », il s'agit de diagnostiquer les troubles, d'expliquer aux parents à quoi ils correspondent et de proposer une rééducation.

Dans la majorité des cas, ils arrivent chez nous après avoir déjà fait de nombreuses démarches auprès de plusieurs orthophonistes, psychologues, neuropsychologues, qui ont diagnostiqué une dyslexie et entrepris des thérapies et des rééducations à plus ou moins long terme. Parfois, les parents nous disent que le mot n'a jamais été prononcé devant eux alors que leurs enfants suivent une rééducation orthophonique depuis plusieurs années consécutives.

Lorsqu'il s'agit d'adultes, les demandes sont claires : « Suis-je idiot ? Que se passe-t-il dans ma tête ? Comment retenir les mots ? J'ai été rééduqué durant des années, je ne suis toujours pas capable d'écrire et de lire correctement, je voudrais reprendre des études, changer de vie, me prouver et prouver à ma famille que je peux y arriver, pouvez-vous m'aider ? Y a-t-il une dernière chose que je puisse tenter pour m'en sortir ? »

Les scolarités, les vies assombries par manque de connaissances dans ce domaine sont innombrables ; ce qui est douloureux pour ces personnes, c'est que le plus souvent le diagnostic a été posé depuis fort longtemps, ils ont tenté des thérapies différentes et parfois coûteuses, sans grand résultat.

Un patient d'une quarantaine d'années nous expliquait lors d'un stage qu'il avait été maltraité par ses professeurs (coups de ceinture quotidiens, punition debout au fond d'une classe autre que la sienne durant des journées entières), et par ses parents (coups et remontrances à la maison) jusqu'à l'âge de 13 ans, moment où ces derniers l'ont forcé à travailler. Ce témoignage n'est pas unique, nous sommes persuadés que bien des lecteurs se retrouveront dans ces propos et nous espérons qu'ils oseront enfin s'exprimer, dévoiler ce terrible secret qui a miné leur vie.

Un autre patient, jeune, beau, intelligent, pratiquant plusieurs langues, orateur confirmé, marié, père de deux enfants et sans complexe apparent, nous apprend qu'il n'avait pas dit à sa femme qu'il était dyslexique, par peur d'être abandonné.

Lorsqu'il s'est confié, après quelques années de mariage, elle a réagi en « claquant la porte ». Dieu merci, la fin de l'histoire est bien plus réjouissante : « Elle m'a pris dans ses bras et m'a reproché d'avoir attendu si longtemps pour lui accorder ma confiance. » Elle était prête à l'aider et à assumer avec lui les difficultés éventuelles.

Combien sont-ils à se cacher pour lire et écrire, à se rendre douze fois aux toilettes dans la journée (au moment de rédiger une télécopie ou de résumer par écrit une réunion), à feindre des aphonies de type allergique ou hormonal (selon la mode du moment) pour éviter d'avoir à lire un rapport en public. Les cadres supérieurs développent une complicité particulière avec leur secrétaire qui doit puiser dans son imagination pour déchiffrer les écrits de leur patron. Ce sont des clients en or pour la téléphonie, le règne de l'oralité leur appartient. Ils retiennent tout pour éviter d'avoir à lire en public la moindre note. Ils se lancent dans des métiers où ils manipulent les images, les chiffres, les schémas, les plans, les données abstraites, la recherche.

Pour vivre heureux lorsque l'on est dyslexique, il ne faut pas vivre caché, mais il est nécessaire d'emprunter une fausse identité. Très peu de personnes sont au courant des problèmes des dyslexiques adultes, aussi une grande priorité de notre rééducation consiste-t-elle à leur donner la possibilité de révéler leur dyslexie, quand les difficultés commencent à s'estomper et qu'ils peuvent utiliser avec brio et conviction leurs capacités particulières.

Lors du premier entretien, les patients demandent essentiellement : « Pourquoi ? », « À quoi est-ce dû ? », « Quel est mon degré de dyslexie ? »

Nos réponses les surprennent toujours. Nous leur expliquons que le principe de notre rééducation consiste à « développer » leur dyslexie et à l'éduquer en faisant appel à une équipe pluridisciplinaire afin qu'ils puissent — enfant, adolescent ou adulte — lire, écrire, rédiger, calculer sans difficulté. Ils sont très intrigués que nous leur demandions d'abandonner l'idée selon laquelle la dyslexie est une maladie. Ils ont du mal à croire qu'à l'aide d'une éducation et d'un entraînement rigoureux, scientifique, artistique et ludique, leur dyslexie va s'accroître, ouvrant des circuits neurologiques, des capacités intuitives et des raisonnements linguistiques originaux qui vont enfin leur permettre d'être tout à fait performants au niveau du langage écrit. Les enfants adhèrent immédiatement et avec passion à notre point de vue car ils sont convaincus d'être capables de développer leurs qualités pour ne pas avoir à subir durant encore des années des thérapies contraignantes.

Les disciplines artistiques et corporelles ne jouissent pas d'un fort crédit dans notre société occidentale, car le profit n'en est pas toujours immédiat ; de plus, elles renvoient à des notions de plaisir trop souvent absentes de notre conception du travail scolaire ou de l'écriture. Cependant, le travail corporel et artistique constitue, dans bien des cultures, une hygiène physique et mentale indispensable à la vie.

Notre challenge est d'amener ces enfants à découvrir que le plaisir de créer passe par un enseignement précis et rigoureux, par une prise de conscience des conditionnements qui régissent leur attitude corporelle (l'apathie des adolescents), leurs raisonnements (si souvent inscrits dans un processus d'échec), leur investissement dans les tâches de la vie quotidienne, leur engagement face à une rééducation de groupe. Les outils orthophoniques que nous mettons à leur disposition vont les rééduquer, les outils artistiques et corporels les éduqueront. Le plaisir qu'ils trouveront dans la réalisation de dictées sans la moindre faute, de poésies apprises naturellement, sans effort, de rédactions qui mériteront d'être lues comme exemple à toute la classe, leur donnera le sens et le goût de l'investissement et du travail ; ils apprendront rapidement à établir des liens entre les exercices appartenant à des matières différentes, au sein de l'association mais aussi à l'école et dans leur vie courante. Afin d'évaluer les troubles du patient ainsi que ses qualités, nous avons mis au point une batterie de tests permettant une très large évaluation des potentialités de l'individu. Nous observons à la fois sa manière d'appréhender le langage écrit et sa capacité à reconnaître et à agencer les sons, les lettres, à les répéter, à les mémoriser... Nous prêtons une attention particulière à sa façon de comprendre, de s'exprimer, d'analyser les caractères psycho-accoustiques du langage tels le rythme (notamment les durées et le découpage), le timbre (pour ce qui est des sons), la fréquence, l'intensité. Notre batterie d'épreuves vise à explorer les aptitudes et les difficultés du patient à se situer dans l'espace, à analyser la hauteur des sons, à jauger l'intensité des stimuli sonores, à prendre en compte les différences de timbres, à se situer sur la grande échelle du temps.

Ce bilan est important, il vient compléter celui de la parole et du langage. Malgré la diversité de ces épreuves et leur large champ d'action, il nous arrive de demander des bilans complémentaires en oto-rhino-laryngologie, en ophtalmologie, en neurologie, en psychologie. Souvent, les toutes premières épreuves suffisent à dévoiler des troubles de visualisation du langage écrit, des difficultés à répéter une série de logatomes (mots qui n'ont pas de signification) typiques des troubles de dyslexie ou de dysorthographie, des confusions, des troubles de la durée qui vont rendre la lecture difficile, voire impossible.

Un papa dyslexique nous amenant son fils en bilan nous assurait qu'il repérait les dyslexiques à leur façon de s'habiller, notamment aux chaussettes : seraient-ce les prémices d'une future évaluation ? Il est certain, malgré le côté apparemment farfelu de la remarque, que les dyslexiques ont des traits de caractère communs, une façon de s'organiser, d'écouter, de se concentrer, de créer, très particulière, qui ne permet en aucun cas d'établir un diagnostic mais qui peut le renforcer.

Voici un exemple du handicap éprouvé par le dyslexique lorsqu'il doit écrire : Imaginez que vous deviez épeler le mot « pomme ». Que faites-vous pour savoir qu'il s'agit de ce mot-là ? Essayez et vous verrez que vous visualisez, que vous voyez le mot dans votre tête, que vous le lisez en somme. En général, le dyslexique, lui, ne voit pas le mot écrit, alors il se répète les lettres entendues, les assemble péniblement (souvent, on voit ses lèvres bouger, à moins qu'il ne répète les lettres à voix haute), il parvient rarement à le trouver et surtout à s'en souvenir ; si l'on rajoute à ce mot des groupes vocaliques (*ou, on, ein*...) (pomme bien mûre ou pomme crue) ou consonantiques (*cr, gr, xt*...), imaginez la secousse neurologique et les efforts qu'il doit fournir pour... ne pas y arriver ou pour y parvenir dans l'instant et procéder autrement dix minutes après — ce qui transforme les parents en criminels potentiels, les orthophonistes en monstres de patience et les enseignants en grands dépressifs : on peut les comprendre !

Toutes ces difficultés ne sont pas dues à une mauvaise volonté de la part du dyslexique, ni à une déficience intellectuelle ou une paresse spécifique, mais à un ensemble complexe de fonctions qui opèrent différemment dans la reconnaissance visuelle, auditive, spatiale et temporelle du langage écrit.

Les répercussions affectives des difficultés de l'enfant dyslexique sont nombreuses et induisent des comportements maladroits, tatillons ou brusques, inadaptés et donc inefficaces. Certains enfants dyslexiques présentent des troubles de gravité variable qui vont d'une simple attitude d'opposition ou d'agressivité, à la passivité ou au repli sur soi. On voit s'installer chez un enfant qui jusque-là dormait bien, à la fois des troubles du sommeil et une énurésie — survenant au moment de l'apprentissage, ils sont consécutifs à la difficulté scolaire et non l'inverse.

G., 13 ans, s'exprime à ce sujet, après avoir été collé à l'école pour n'avoir pas su son vocabulaire anglais, alors qu'il l'avait révisé durant deux heures la veille :

« Ma dyslexie s'est plutôt affirmée lors de mes classes primaires et s'est développée au cours de la fin de mon premier cycle. L'affrontement et les moqueries de mes camarades étaient alors très durs à supporter. Grâce à un professeur qui me conseilla d'aller voir un orthophoniste, mon français s'est amélioré et enrichi. Parfois, pourtant, des trébuchements réapparaissent délicatement. La dyslexie est imprévue. La patience et la volonté permettent l'élaboration de chacun, on peut se sentir mieux car il n'y a plus de complexe qui sépare le lecteur de la... lecture. »

Les désordres affectifs et émotionnels sont les conséquences et non les causes de la dyslexie.

Le dyslexique travaille plus que les autres avec tout ce que cela comporte de conséquences : fatigue, sentiment d'inutilité, moquerie, pas de récréations, de sorties scolaires, punitions. Souvent, l'enfant dyslexique doit rester en classe pendant les récréations pour terminer ou refaire un travail, lorsqu'il n'est pas obligé de recopier son travail dans la cour ! Il est toujours bien placé pour occuper la dernière place au classement de la classe. Entre la fatigue due au surmenage et qui peut être un facteur déprimant et l'ambiance générale scolaire et familiale, il est pris dans un cercle vicieux qui le maintient dans le repli sur soi. La fatigue le déprime et l'empêche de travailler. Il est fatigué parce qu'il travaille trop et il travaille trop parce qu'il est inefficace.

Le dyslexique n'a pas le profil d'un enfant paresseux mais d'un travailleur qui ne sait pas s'y prendre. Il est injuste de dire que le dyslexique est paresseux. S'il l'était, il aurait d'autres moyens que l'échec et la dernière place pour se dérober aux exigences scolaires.

Le fait d'être assis toute la journée sur une chaise, de ne pouvoir répondre aux exigences d'un corps en pleine croissance qui a besoin de bouger, le manque ou l'absence de stimulations artistiques, vont aggraver les troubles de ces enfants en mal d'écrire.

Donne-t-on aux dyslexiques les moyens de découvrir le code écrit par d'autres biais, les met-on en condition de développer leurs modes de pensée ?

Nous ne croyons pas que la solution consiste à créer des écoles spécialisées pour tous les enfants souffrant de troubles d'apprentissage du langage écrit. Il vaut mieux ouvrir des brèches dans les programmes pédagogiques, former des enseignants, permettre une véritable collaboration entre ceux-ci et les orthophonistes.

Un enfant qui n'est pas dyslexique apprend-il à lire, ou accède-t-il, grâce à certains outils, au code écrit, dans lequel il va se débrouiller très vite et devenir lecteur, comme par magie ? L'instituteur lui apprend à mettre en place des conduites qui vont lui permettre d'accéder au décryptage des sons, des lettres, des mots, etc., puis l'enfant suit son propre chemin. Le dyslexique, lui, « apprend » à lire, laborieusement. Il n'accède pas à cette féerie du déchiffrage, cette révélation qui va rendre possible la représentation des objets, des êtres, de l'univers à travers quelques signes succints, que l'on apprend à manipuler à l'infini, pour pouvoir se raconter, écouter les histoires des autres et pénétrer dans des mondes réels ou imaginaires.

Notre objectif, au cours de la rééducation, ne consiste pas à lui apprendre à lire et à écrire, mais à lui donner les possibilités de trouver cette magie, de devenir un vrai lecteur. Lire et écrire, c'est prendre du plaisir à percer les mystères des liens qui rassemblent les sons et les lettres, comprendre les rapports qui unissent les formes graphiques à leur enveloppe auditive, à leur signification affective, émotionnelle, intellectuelle.

C'est grâce à une confiance partagée, ciment de la relation pédagogique et thérapeutique, que nous amenons les dyslexiques à mieux comprendre leurs particularités, à les considérer comme un atout, à leur rendre le sens de l'humour.

Le sujet devient acteur et collabore à cette rééducation, le contrat de confiance est passé dès la première séance, qui établit déjà un ou plusieurs objectifs de rééducation concrets et mesurables, en fonction d'un calendrier et d'un diagnostic précis.

Histoire de la dyslexie

Si sainte Thérèse de l'Enfant Jésus dès le XVIe siècle nous révèle que les lettres et les mots perdaient pour elle leur valeur et leur sens quand elle était en extase, c'est Johan Schmidt qui, au XVIIe siècle, selon Benton, a décrit avec la plus grande clarté la perte de l'aptitude à la lecture.

On peut citer aussi le cas de Charles XI (1655-1697), l'un des rois de Suède les plus sages. À 4 ans, à son accession au trône, il se révéla un piètre élève, incapable d'apprendre à lire. On le voyait parfois faisant semblant de lire des documents... qu'il tenait à l'envers.

Deux siècles plus tard J. Lordat[1], professeur de neurologie à Montpellier, racontera, une fois guéri, son incapacité à lire et à comprendre ce qu'il voyait pendant sa maladie aphasique. « Tout en conservant le souvenir de la signification des mots entendus, j'avais perdu celui de leurs signes visibles. La syntaxe avait disparu avec les mots ; seul l'alphabet m'était resté, mais la fonction des lettres dans la formation des mots restait une étude à faire. Quand j'eus envie de jeter un coup d'œil sur le livre que j'étais en train de lire lorsque ma maladie me prit, je découvris qu'il m'était impossible d'en lire le titre. Je ne vous dirai pas mon désespoir, vous pouvez l'imaginer. Il me fallait déchiffrer lentement la plupart des mots, et je peux vous dire à ce propos à quel point je réalisai l'absurdité de l'orthographe de notre langue. Après plusieurs semaines empreintes d'une tristesse et d'une résignation extrêmes, je découvris, alors que je regardais de loin le dos d'un des volumes de ma bibliothèque, que j'étais en train de lire très précisément le titre *Hippocratis opera.* Cette découverte me fit répandre des larmes de joie. »

Toujours au XIXe siècle, d'autres auteurs, dans le cadre des troubles du langage d'ordre aphasique, rapportent l'incapacité de certains sujets à comprendre les mots imprimés ou manuscrits. F. Winslow, J. Falret, Peter, J. Schmidt font état de pareils cas. Broadbent, en 1872, publie le cas d'un sujet qui, en touchant du doigt des mots imprimés sur le mur, disait : « Je peux les voir, mais je ne peux pas les comprendre. »

---

1. J. Lordat, cité par H. Hécaen et Dubois, *in La Naissance de la neuropsychologie du langage.*

C'est dans un contexte aphasiologique[1], en 1877, que A. Kussmaul propose d'appeler « cécité verbale[2] » le trouble au cours duquel existe « une totale cécité textuelle alors [...] que la capacité visuelle, l'intelligence et les capacités de parole sont intactes ».

C'est finalement le professeur Berlin, en poste à Stuttgart qui, dix ans plus tard, pour la première fois, propose le terme de « dyslexie ». Ainsi étiquetée, la dyslexie fait encore partie du cadre des aphasies ou de certains types d'aphasie, il faudra attendre la dernière décennie du XIXe siècle pour voir s'installer une véritable discussion sur la notion de dyslexie telle qu'on la rencontre aujourd'hui.

Dans le domaine de la pathologie du langage, les périodisations sont difficiles. Une histoire charpentée et claire vaut mieux que des embrouillaminis de dates. Nous allons donc distinguer quatre périodes pour fixer les idées car, pour parodier Ch. Bell[3] : « Le désir d'écrire une histoire valable de la dyslexie et l'explication du fonctionnement cérébral, habituellement inconstante et plate, peuvent autoriser n'importe quelle innovation dans la manière de traiter le sujet. »

1. Aphasiologique, aphasie : impossibilité de traduire la pensée par des mots malgré l'intégrité fonctionnelle de la langue et du larynx.

2. Cécité verbale : impossibilité de comprendre les idées exprimées par l'écriture.

3. Ch. Bell, cité par E. Clarke et K. Dewhurst, *in Histoire illustrée de la fonction cérébrale*, R. Dacosta, Paris, 1984.

Les débuts — de J. Kerr et P. Morgan à Hinshelwood, 1896-1917 : La dyslexie ou cécité verbale congénitale, description et identification du trouble

J. Kerr, en 1896, écrit dans son essai sur l'*Hygiène scolaire, dans ses aspects mentaux, moraux et physiques* : « Mais à côté des sujets uniformément peu brillants, il y a ceux, nombreux, qui sont mentalement exceptionnels, tout à fait adaptés à une école ordinaire, pourvu que le professeur connaisse leur particularité. On trouve des cas presque uniques dotés des insuffisances les plus bizarres. L'agraphie [1], par exemple, peut être inintelligible pour un professeur, surtout si elle apparaît, comme dans l'un de mes cas, chez un garçon qui a de bons résultats en arithmétique, mais seulement tant qu'elle comporte des chiffres arabes, et qui écrit, d'une écriture nette, du charabia en dictée. Un enfant atteint de cécité verbale qui peut déchiffrer les lettres isolément pose un problème. »

Le deuxième exemple dans l'histoire moderne de la dyslexie est dû à P. Morgan, un médecin anglais, qui rapporte le cas d'un garçon âgé de 14 ans, intelligent mais incapable d'apprendre à lire. Il écrit dans le *British Medical Journal* de novembre 1896 : « Le maître d'école qui l'a suivi pendant des années dit qu'il serait le garçon le plus intelligent de l'école si l'instruction était entièrement orale. » Morgan parle alors de cécité congénitale pour les mots.

Durant cette période, que M. Critchley appelle « une ère d'indécision et de confusion », Hinshelwood, un ophtalmologiste écossais, publie, en 1900, de nombreuses observations et notamment une

1. Agraphie : perte graphologique de la capacité d'écrire par lésion des centres nerveux de l'écriture, généralement associée à d'autres troubles aphasiques.

monographie intitulée *Lettres, mots et cécité verbale.* Deux ans plus tard, réfléchissant sur de nouveaux cas qu'il a lui-même observés, il écrit : « Je ne doute guère que ces cas de cécité verbale congénitale ne soient en aucune façon aussi rares que l'absence de cas rapportés nous amènerait à le croire. Leur rareté s'explique, à mon avis, par le fait que, lorsqu'ils se produisent, ils ne sont pas reconnus. Il est de la plus haute importance de reconnaître la cause et la véritable nature de la difficulté d'apprendre à lire qu'éprouvent ces enfants, sans quoi ils peuvent être traités simplement comme des imbéciles ou des incorrigibles, et négligés ou punis pour un défaut dont ils ne sont en aucune façon responsables. »

Dans sa deuxième monographie intitulée *Cécité verbale congénitale,* Hinshelwood durcit sa position et rattache le trouble à un caractère génétique récessif ; en maintenant la confusion terminologique entre les termes « dyslexie congénitale », « alexie[1] congénitale » et « cécité verbale congénitale », il ouvre une période de discussions, d'analyses et de contestations.

Entre-temps, la même confusion règne aux Pays-Bas, en Argentine, en Allemagne et aux États-Unis. Les premières publications françaises sur ce sujet voient le jour en 1906 sous la plume de Variot et Lecomte.

Certains dyslexiques dotés d'une grande intelligence et qui ont la chance de conserver leur stabilité émotionnelle, sont capables de bien réussir dans la vie. Un dyslexique dont l'aptitude est suffisante et qui a aussi la chance de présenter des traits de personnalité, tels que l'application, la concentration et l'ambition peut, à la longue, résoudre nombre de problèmes, même sans instruction particulière. Les

1. Alexie : autre nom de la cécité verbale.

psychiatres appellent « force du moi » cette qualité qui nous est plus familière sous le nom de « cran ». Si l'inaptitude spécifique est reconnue, le patient peut se débarrasser de beaucoup de ses difficultés de lecture, d'écriture et d'orthographe. C'est, de fait, une observation banale qu'une fois qu'un enfant dyslexique se voit appliquer le diagnostic d'inaptitude intrinsèque initiale, sans plus être mauvais, stupide, paresseux ni névrosé, il a immédiatement une plus grande confiance en lui, et le mauvais comportement qu'il aura pu montrer se dissipe, sans intervention d'un pédopsychiatre. Plus encore, sous un régime d'entraînement compréhensif et intensif, centré sur un système auditif d'apprentissage, et favorisant des capacités comme la mémoire et les associations rapides, le dyslexique peut avancer dans sa scolarité, et même maîtriser ou détourner les défenses qui menacent de lui interdire toute carrière.

Si l'on en croit un compte rendu autobiographique, un ex-dyslexique a même atteint un rang élevé au *Foreign Office*[1]. Un des patients de Wernicke est devenu avocat. Un autre dyslexique est connu pour être devenu chirurgien en tirant son savoir des cours oraux et de ses connaissances autodidactes plus que des livres ; son travail écrit était assez lisible pour lui assurer la réussite à ses examens. Un autre encore est devenu professeur dans une académie militaire (Plates, 1909).

On a d'assez bonnes raisons de penser que Hans Christian Andersen (1805-1875) était dyslexique. Il était très en retard dans son cursus scolaire ce qui l'a fait considérer à un moment comme un cancre. Même adulte, il n'a jamais réussi à avoir une orthographe correcte et ses manuscrits révèlent de

1. Ministère des Affaires étrangères en Grande-Bretagne.

nombreuses erreurs caractéristiques de la dyslexie ; assez naturellement, ces erreurs étaient relevées et corrigées par son éditeur. De temps en temps, cependant, elles échappaient à l'attention. Ainsi, lorsqu'il écrivit le compte rendu de sa visite à Ch. Dickens à Londres, il transcrivit de manière erronée plusieurs noms de personnes et de lieux anglais. Ses éditeurs ne supprimèrent pas toutes les erreurs, si bien que certaines apparurent sous leur forme originale à l'impression. Parmi ces fautes, on peut noter : Schackpeare, Machbeth, Tamps ou Temps pour « Thames » (la Tamise), Brackfest pour breakfast.

L'évolution (1920 à 1936) : S. J. Orton et la période de corrélation entre dyslexie et dominance cérébrale

Si les travaux d'Apert et d'O. Pôtzl, en 1924, méritent d'être mentionnés car ils envisagent le processus de la dyslexie comme un retard évolutif de nature fonctionnelle plus qu'anatomique — un « décalage de maturation » —, il faut surtout rappeler les constatations et l'hypothèse de l'Américain S. J. Orton, neurologue et neuropathologiste, directeur de la *Green Country Mental Clinic* dans l'Iowa. Parmi une population d'enfants retardés, il en découvre un certain nombre qui ne peuvent pas lire. Son premier patient, un garçon de 16 ans, en deuxième année de secondaire (*junior high school*) qui n'a jamais été capable de lire, lui confie : « Maman dit qu'il y a quelque chose de bizarre chez moi, parce que vous pourriez me lire n'importe quoi et je le comprendrais, mais si je le lisais moi-même, je n'y comprendrais rien. »

Après une visite à H. Head en Angleterre et une intense réflexion sur ses patients, S. J. Orton croit découvrir une corrélation nette entre les troubles de la lecture et de l'écriture et des troubles de la latéralité ; leur fréquence chez les sujets gauchers, mal latéralisés, ambidextres ou présentant une latéralisation croisée, le porte à baptiser le trouble : « strephosymbolie » (du grec *strephos* : torsion). Ceux qui en sont atteints ont une tendance à l'inversion des lettres dans la lecture ou l'écriture, inversion qui peut aller jusqu'à la lecture ou l'écriture en miroir. De là à postuler l'existence d'une dominance occipitale ambiguë, physiologique par nature, il n'y a qu'un pas que S. J. Orton franchit rapidement. Pour l'époque cette idée est salutaire car, au lieu de postuler, sans la moindre ébauche de preuve, une hypothèse génétique, elle insiste sur la corrélation qui existe entre dyslexie et dominance cérébrale.

Beaucoup de retards de langage et de défauts dans le développement de ce dernier seraient consécutifs à un trouble de la dominance cérébrale.

Mme A. Gillingham, une assistante en psychologie de S. J. Orton, met en relief plusieurs étapes dans l'activité de lecture d'un sujet normal[1] : « La perception et la distinction des formes et sons ; l'association des sons avec la présentation visuelle des lettres ; la liaison de noms avec des ensembles de lettres et de significations avec des groupes de mots ; des facteurs mnésiques, moteurs, visuels et auditifs ; des opérations motrices comprises dans les opérations du discours intérieur et de la lecture à voix haute. »

L. Hollingworth, avant 1920, insiste plus sur les problèmes d'environnement et les facteurs affectifs que sur une éventuelle absence innée de la capacité orthographique. Plusieurs éléments doivent être pris en compte quand on envisage des retards dans l'apprentissage de la lecture.

1. M. Critchley, *in op. cit.*, p. 40.

L. Thompson soupçonne déjà que des hommes à la réussite patente, comme Thomas Edison, Auguste Rodin, Harvey Cushing, George Patton, Woodrow Wilson, Lawrence Lowell, William James et Albert Einstein, étaient d'« ex-dyslexiques ». En contrepartie, il inclut également dans la liste Harvey Lee Oswald. On a même suspecté Nelson Rockefeller et le chirurgien pionnier John Hunter, créateur de la pathologie expérimentale en Angleterre. La preuve ici, il faut l'admettre, est incertaine.

L'école française (1937-1960)

A. Ombredane, en France, insiste sur les troubles de la structuration temporo-spatiale et il fait déjà remarquer que les troubles linguistiques observés chez les dyslexiques ressemblent étonnamment à ceux observés chez les aphasiques. C'est ainsi qu'il décrira avec Th. Alajouanine et Marguerite Durand la forme d'aphasie qu'on appelle unanimement aujourd'hui « désintégration phonétique dans l'aphasie ».

Les travaux statistiques et génétiques de M. Hallgren et d'E. Malmqvist au Danemark vont ouvrir une nouvelle direction de recherche.

D'autres travaux inspirés de la neurologie des fonctions symboliques qui situent la dyslexie et ses corrélations dans le cadre des anomalies des praxies[1] et des gnosies[2] avec J. Ajuriaguerra et son école, Cl. Launay et Mme S. Borel-Maisonny vont voir le jour.

Puis les travaux portant sur les troubles affectifs des dyslexiques et sur la possibilité d'une

1. Praxie : bonne coordination des mouvements.
2. Gnosie : perception, connaissance élémentaire.

psychogenèse, déjà proposée par Tamm en 1927 apparaissent. Parmi eux, citons ceux de Mme Aubry et coll., Prick et Calon, R. Diatkine, R. Cahn, etc.

Enfin, des méthodes éducatives en usage en France, résultant essentiellement des travaux de deux chefs d'école, surgissent : Mme S. Borel-Maisonny insiste sur les retards de langage et sur les défauts de structuration spatiale ; C. Chassagny qui a surtout étudié de grands enfants, anciens dyslexiques et grands dysorthographiques, insiste sur le conditionnement à l'échec.

Dans certains pays, la pédagogie de la dyslexie s'est considérablement développée, en particulier dans les pays scandinaves et en Allemagne. C'est durant cette période que les tentatives de rééducation systématique voient le jour : l'orthophonie est née.

L'ère des explorations ou période moderne avec la neuropsychologie et les neurosciences

Cette période est le prolongement des précédentes et prend sa source chez S. J. Orton, qui avait remarqué, comme nous l'avons souligné, dès les années 20, l'importance des gauchers et des ambidextres chez les dyslexiques. C'est ainsi qu'on voit D. J. Bakker dès 1973, puis en 1979 A. Bouma et C. J. Gardien en 1990 poser le problème de la latéralité et invoquer le transfert d'activation de l'hémisphère droit vers le gauche au cours de la maturation. Sandra Witelson et d'autres œuvrent dans le même sens : celui du transfert d'informations entre les hémisphères et incriminent du même coup le corps calleux.

On assiste aussi, au cours de cette période, à l'incrimination d'un trouble du traitement élémentaire de nature visuelle ou oculaire, trouble de la vision binoculaire et irrégularité dans la poursuite visuelle d'une cible en mouvement : anomalie des saccades oculaires et des fixations lors de la lecture, succession de mouvements de convergence et de divergence des globes oculaires. Dans cette période aussi se développe l'idée d'un « déficit spécifique de l'ordre du traitement temporel des sons du langage[1] ».

Enfin, la neuropsychologie, s'appuyant sur la confrontation des données cliniques avec le siège présumé des lésions, a essayé de formuler des règles de fonctionnement du cerveau normal ; mais l'avènement des techniques d'imagerie a marginalisé ce courant né vers les années 50, dont l'objectif était l'étude des fonctions supérieures actuellement appelées fonctions cognitives. Elle se proposait de prédire la localisation précise des lésions cérébrales à une époque où n'existaient ni le scanner ni l'IRM. Actuellement les techniques d'imagerie cérébrale que nous avons mentionnées, couplées avec les données de la neuropsychologie, permettent d'observer la dynamique qui existe entre les régions cérébrales dans des situations cognitives données.

Une dernière étude menée sous la direction du professeur Eraldo Paulesu (université de Biocca, Milan) et publiée dans la revue *Science* de mars 2001 montre que les dysfonctionnements cérébraux associés à la dyslexie sont les mêmes au pays de Dante, de Shakespeare ou de Racine. La TEP (tomographie par émission de positons) a permis de visualiser, durant la lecture, une même réduction d'activité cérébrale dans une petite région du lobe

1. Tallal, cité par M. Habib, *in Dyslexie : le cerveau singulier*, Solal, Marseille, 1998, p. 26.

temporal gauche. « La base neurocognitive de la dyslexie est universelle, seule la manifestation du trouble lui-même diffère suivant la langue », concluent les auteurs de ce travail.

La naissance et le développement des concepts et des méthodes de l'intelligence artificielle permettent de nouvelles avancées : les processus mentaux sont disséqués et représentés sous forme de modules fonctionnels abstraits, sans référence à leur substrat cérébral et dans un but essentiel de « modéliser » la physiologie mentale, à la manière du fonctionnement d'un ordinateur. Les premiers travaux réalisés selon cette idée ont concerné précisément les mécanismes de la lecture ; cette dernière a, en effet, souvent réalisé un modèle privilégié pour démontrer la pertinence d'un nouveau concept. En revanche, cette approche était évidemment peu instructive quant aux rapports entre les fonctions et la structure cérébrale, mais laissait espérer des applications intéressantes pour la rééducation des déficits en pathologie. Comme nous le verrons également, cet espoir, du moins pour ce qui est du traitement des troubles cognitifs de l'adulte, ne s'est que rarement concrétisé.

Chez l'enfant en cours de développement, il en va tout autrement : la neuropsychologie commence à laisser entrevoir des possibilités d'applications considérables. La complexité supplémentaire introduite par la dimension développementale et le caractère mouvant des relations entre le cerveau et ses fonctions a longtemps constitué un obstacle à la mise en œuvre d'un raisonnement de ce type. Une illustration de cette complexité sera fournie à titre d'exemple par les liens entre le cerveau en développement et la mise en place des fonctions du langage. Pourtant, il est probable que les méthodes thérapeutiques de la dyslexie et des syndromes apparentés seront de plus en plus basées sur le raisonnement neuropsychologique appliqué à la pathologie développementale. De fait, les progrès qui ont été réalisés et qui le seront dans les années à venir reposent essentiellement sur une compréhension du cerveau en développement à partir des connaissances acquises sur le cerveau adulte. Cette démarche, qui peut paraître paradoxale, s'avère pourtant la seule capable de guider efficacement l'observation et la réflexion, en gardant à l'esprit, à chaque étape du développement d'une fonction, quel en sera l'aboutissement à l'âge adulte. Nous envisagerons plus loin quelques exemples, dont celui des mécanismes de l'apprentissage de la lecture, illustrant le fait que l'analyse et la compréhension d'un trouble développemental nécessite de se référer à un modèle adulte des relations entre la fonction perturbée et la région cérébrale impliquée [1].

1. M. Habib, *in op. cit.*

2

Naissance de la démarche Sensonaime

Quand nous pensons à la gestation de cette méthode, elle nous paraît à la fois courte, car son temps en fut souple, plein de moments uniques superposés plutôt qu'additionnés, et infiniment longue tant se bousculent dans nos têtes des visages, des sourires, des mots, des phrases.

Nos recherches, nos observations, les découvertes de nos consœurs et de nos confrères dans les domaines du dépistage, du diagnostic, de l'apprentissage, de la rééducation nous amènent à formuler quelques questions d'avenir, telles que :

- La dyslexie est-elle une maladie ?
- Le dyslexique fait-il preuve de conduites pathologiques ou bien met-il en place d'autres types de raisonnements, de connexions ?
- Doit-on lui donner les outils afin qu'il développe ses qualités et qu'il accède à une identité qui est la sienne et dont il pourrait être fier, ou bien devons-nous le guider afin qu'il se débrouille tant bien que mal au sein de nos conduites d'apprentissage linguistique ?
- Peut-on mettre au point des pédagogies qui tiennent compte de ses capacités au même titre que de ses troubles ?
- Peut-on croire que le dyslexique soit capable

d'accéder au code écrit de façon satisfaisante sans pour autant bénéficier de « béquilles rééducatives » durant toute sa vie scolaire et professionnelle ?

• Doit-on, en tant que thérapeutes du langage, médecins, enseignants et parents accepter et faire accepter le dyslexique par la société en général ou doit-on favoriser son exclusion (même momentanée) de la vie scolaire « normale » ?

• Croyons-nous vraiment aux capacités du dyslexique de lire et d'écrire convenablement ou avons-nous besoin de nous former, grâce évidemment à sa collaboration, afin de pouvoir accéder à ses structures de pensée linguistique, spatiale, temporelle, globale ?

• Ne trouvons-nous pas plus simple, malgré sa souffrance, de dénombrer les symptômes du dyslexique et de développer des thérapies sans progresser dans l'acceptation réelle de ses capacités, sans nous hisser à son niveau de compréhension, d'analyse et de perception du monde ?

• Devons-nous prendre en compte sérieusement les disciplines corporelles et artistiques au sein de la vie scolaire car l'on sait que le dyslexique présente des capacités dans ce domaine et que cela pourrait faire un bien fou à tous les élèves ?

• Doit-il expliquer sans honte à l'école ainsi que lors des entretiens d'embauche qu'il est dyslexique et dysorthographique, afin de faire valoir ses qualités au même titre que ses défauts ?

Lorsque l'on permet à ces enfants, ces adolescents et ces adultes de s'exprimer comme ils l'auraient fait dès leurs premiers pas dans le monde de l'écrit, en toute liberté, en prenant en compte leur conscience des sons, en inventant les règles selon leur sens du rythme, de l'espace, de la forme et du goût, nous assistons à une production foisonnante d'écrits, pleins de lucidité, de poésie et d'humour.

Rencontre avec la neuropsychologie

Au cours de nos études, nous avons côtoyé des patients atteints de pathologies diverses : troubles de la voix, troubles du langage oral et écrit, affections d'origine neurologique, maladies psychiatriques, problèmes dus au vieillissement.

Nous avons rencontré des patients atteints d'aphasies, d'amnésies, d'apraxies, d'agnosies dont l'incohérence et la diversité des troubles nous plongèrent dans un état mêlant frayeur et fascination. L'étude et l'approfondissement des disciplines fondamentales que sont la neurologie, la linguistique et l'orthophonie nous ont offert des bases solides pour explorer ensuite les troubles du langage écrit relatifs à la dyslexie et à la dysorthographie.

Cette immersion dans le domaine de la rééducation des patients atteints de troubles neurologiques nous a permis d'acquérir au fil du temps une réelle acuité d'interprétation de leurs productions linguistiques. Lorsque l'on rééduque des sujets victimes d'AVC (accident vasculaire cérébral) ou de traumatismes accidentels, il s'agit de prendre en compte bien des facteurs qui n'interviennent pas directement dans le langage, comme si l'on voulait communiquer avec des étrangers en ne connaissant que très peu de vocabulaire dans leur langue.

Nous avons alors appris à décoder non seulement le langage oral, souvent très réduit ou bien jargonné, mais aussi toutes les informations données par l'attitude corporelle de ces patients, leurs gestes, leurs regards.

Nous avons rééduqué notamment un patient quasiment mutique, qui présentait également une hémiplégie de l'hémicorps droit. Il ne s'exprimait que par des grognements ou des formules automatiques spontanées : « Oui, non, pourquoi, merde, d'accord, hier-ah-hier », mais comprenait la plupart des propos qu'on lui tenait. Il était déprimé et de mauvaise humeur en permanence. Sa rééducation kinésithérapeutique progressait de façon spectaculaire, il commençait à marcher, à se déplacer, à saisir des objets...

Durant cinq mois, nous avons déployé une énergie considérable pour améliorer sa parole (répétition). Pour éviter la monotonie, nous avons inventé une somme impressionnnante d'exercices, nous efforçant de le stimuler au maximum, non seulement par des massages de la nuque, des muscles, du visage, de ce qui semblait lui faire du bien, mais aussi par un travail sur le rythme, l'écoute, la musique, etc.

Contrairement à nos autres patients qui progressaient sur un mode assez régulier, lui ne présentait aucune amélioration apparente.

Un jour, pourtant, il prononça le mot « haricot », qui perça le silence dans lequel il était enfermé. Ce mot presque anodin résonna comme un gong et permit d'ouvrir enfin les portes d'une communication redevenue possible. Il se comporta alors comme un enfant qui apprend à marcher, explorant à chaque instant les possibles du langage, jonglant avec les sons, les idées, la syntaxe, l'expression du visage, les gestes. Tout en lui tendait à retrouver l'art d'articuler, à combler cette absence du mot qu'il voulait absolument prononcer, à sculpter des pensées, à les mettre en sons, en images, couleurs, en sensations gustatives, olfactives, kinesthésiques, en gestes, en espace, en temps. Tout était suspendu à son désir de créer des liens permanents, de rétablir la spontanéité du discours, de se comporter en être communicant. En l'espace de quelques semaines, il retrouva un langage informatif, put communiquer avec sa femme, ses enfants et le personnel soignant. Il sourit de nouveau, découvrit le goût de se battre pour sa santé globale, de gagner chaque jour une bataille qui devait le mener à une nouvelle vie.

La langue parlée proprement dite est une élaboration empirique. On dit encore et l'on dira toujours « le coucher du soleil » comme si Copernic et Galilée n'avaient pas existé. On continuera à réserver le nom d'immeuble à un bâtiment à appartements multiples, simplement à cause de l'allure monumentale du mot, avec son « i » et ses deux « m » qui évoquent l'immensité par le simple jeu d'une allitération. Le langage est une production intuitive, une structure irrationnelle.

Chez les patients présentant des troubles mineurs, nous avons découvert un langage souvent métaphorique, truffé d'expressions étranges mais non dénuées de sens et d'une certaine forme de poésie. Quelques-unes de ces productions ressemblent parfois aux recherches développées par les mouvements surréaliste ou dadaïste.

Dans le domaine des troubles du langage, il y a un phénomène connu sous l'appellation de « manque du mot », qui consiste à substituer au mot adéquat des expressions comme « chose, truc, machin, bidule ». Cela est fréquemment observé chez les malades aphasiques, mais aussi chez le sujet normal, comme le rapporte J. Lordat.

Montesquieu était atteint d'une impotence remémorative. Les noms propres, les noms appellatifs moins usités que d'autres se présentaient difficilement chez lui dans la conversation. « Chose » était sa cheville habituelle. Mme Geoffrin l'appelait le Président Chose. Le marquis de Crequi écrit : « Mme Geoffrin racontait qu'en arrivant un jour de Versailles et lui rapportant je ne sais quelle nouvelle, il avait dit chez elle, en présence de M. le contrôleur général : "Oh ! la chose est certaine, en vérité ; car je la tiens directement de la grande Chose qui la tenait apparemment du vieux Chose... allons donc l'ancien précepteur du... Chose" — et c'était du cardinal de Fleury, précepteur du roi, qu'il entendait parler. »

Il semble donc qu'il faille faire l'effort de trouver les raisons du silence non dans quelque facteur interne propre à l'individu, mais dans les circonstances dans lesquelles vit le silencieux. Le poète qui n'arrive pas à se faire entendre est aussi menacé par le silence.

Lorsque nous abordons les différents troubles de la parole et du langage, il apparaît des similitudes entre les productions écrites, et parfois orales, des aphasiques et des dyslexiques.

Parmi la multiplicité des formes d'aphasie connues, nous citerons deux grandes catégories : l'aphasie de Wernicke — les malades qui en sont atteints parlent abondamment — et l'aphasie de Broca — ces malades parlent très peu.

Au XIXe siècle, les aphasiques qui parlaient beaucoup passaient pour insensés et étaient emprisonnés comme des malfaiteurs. Leur comportement linguistique agaçait le législateur.

Dans l'épreuve dite de dénomination, épreuve courante dans l'examen de ces patients, on a le loisir d'observer le comportement linguistique des aphasiques qui parlent.

Un des patients de A. Gelb, un grand neuropsychologue du XXe siècle, prié de dénommer la lettre *b*, énonce c'est une « lampe à gaz », le même malade appelle la lettre *m*, un « bonnet de carnaval » et la lettre *s*, une « araignée ». Ce n'est pas qu'il s'agisse, comme l'écrit A. Gelb [1], « de confusions au sens de fausses interprétations de ce qui est vu ; l'attitude du malade résulte bien plutôt de ce que sa vision est devenue plus concrète, en conformité avec le caractère de son altération fondamentale ». Un malade devant dénommer un agent de police sur une photo, répond qu'il s'agit d'« une paire de gifles ». Un autre prié de dénommer une poule répond « trompette laitière ». Un stylo devient un « fauteuil télégraphique », une fourchette : « un besoin horaire pour manger ».

Selon K. Goldstein, de tels sujets ont perdu l'attitude catégorielle : « Ce n'est pas que nous déniions aux malades la faculté de reconnaître toute espèce de rapports objectifs en général ; ce terme signifie pour nous seulement une régression de la connaissance qui glisse d'une appréhension conceptuelle des rapports entre les choses vers une appréhension plus intuitive et concrète [2]. » Donnons quelques exemples de paraphasies recueillis par plusieurs auteurs lors d'épreuves de dénomination et de définition. Prié de dénommer des œufs, un patient répond qu'il s'agit de « moteurs », et pour locomotive, on obtient une « jument en colère ».

Prié de dénommer une infirmière, une malade répond « sœur de la Résurrection ». Il est clair que la malade veut insister sur la fonction secourable de l'infirmière.

Pour dénommer un calepin vert un peu endommagé la malade dit : « C'est la roulotte des bohémiens. » C'est, explique K. Goldstein, « une

1. A. Gelb, *in Essais sur le langage*, Minuit, Paris, 1969, p. 247.
2. K. Goldstein, *L'Analyse de l'aphasie et l'étude de l'essence du langage*, Minuit, Paris, 1969, p. 365.

désignation caractéristique de l'impression physiognomonique [lié à la connaissance du caractère d'après la physionomie] qu'elle a reçue et qui lui a rappelé une roulotte de bohémiens, parce qu'elle l'associe à la même expérience physiognomonique. Il faut souligner ici qu'il n'y a pas eu confusion véritable, la malade discerne tout de suite après qu'il s'agit d'un calepin. Mais son attitude mentale modifiée ne lui a pas permis de retrouver immédiatement le mot conceptuel "calepin", elle lui a substitué une caractéristique physiognomonique[1]. »

D'autres exemples sont tout aussi frappants : l'agenda devient un « abri-tête », une rencontre correspond, pour cet ancien préfet, à une « superposition de l'inattendu », la peau représente la « protection infime de notre paysage patrimonique », le touriste est une « hypersensibilisation des besoins », le souvenir « habille l'esprit », une canne est « une lunette pour marcher là où il n'y a pas de jour ». La fixité correspond au « repos de l'acte », un être actif est « celui qui a toujours la main là où il devrait avoir la tête », les pieds sont « une paire de trônes qui sert à monnayer la protection des pas dans une maison ou, au contraire, sur une colline ». Une échelle correspond à « une envie de grimper », l'intuition, quant à elle, devient « une position de l'esprit à intervenir sur les choses nouvelles », espérer consiste tout simplement à « mettre en confiance sa lumière ».

Les objets apparaissent en quelque sorte avec la physionomie de sujets agissants, un ange, c'est « beau, sérieux, compétent et ça circule avec la principauté des esprits ouverts ». Le mot « cri » est une « forme d'expiation d'une douleur », une porte « une phase de passage », la joie « s'offre à celui qui

1. K. Goldstein, *in op. cit.*, pp. 324-325.

peut transformer son être en l'éprouvant ». Prié de lire « l'opium du peuple », un aphasique disait « l'argent des contribuables ».

On demande à un patient d'où proviennent les vagues sur l'eau :

« Le vent susurre… le vent… du vent.

Les vagues... Les vagues murmurent, le vent susurre… (*l'air complètement absent*).

Le thérapeute : Mais qu'est-ce que c'est donc ?

Le malade : Ça doit être une poésie. Je ne sais pas moi-même comment c'est venu. Comment expliquer cela ? Qu'est-ce que je devais dire ? Les vagues ? D'où viennent les vagues ?

Alors est venu : "Les vagues murmurent, le vent susurre."

Donc c'est le vent. »

Ce comportement singulier fait le même effet que celui d'un médium en transe : on dirait que ce n'est pas le malade qui parle, mais que quelque chose parle par lui. C'est pourquoi on peut dire que cette sorte de langage est un « maniement immédiat » de mots et de phrases. Le patient opère de façon « pertinente » avec un certain vocabulaire, sans se rendre compte des mots et des phrases en tant que mots et que phrases, et sans en disposer volontairement.

Citons le cas de ce malade à qui on demande de faire le salut militaire et qui reste comme hébété, n'ayant l'air de rien comprendre ; en revanche, il se met au garde-à-vous quand on lui dit de rendre les honneurs.

Une malade d'Alajouanine ne pouvant trouver le nom de sa fille, se tourne vers elle et lui dit : « Ma pauvre Jacqueline, voilà que je ne sais plus ton nom ! »

Une des malades que nous avons eu l'occasion de suivre et à qui nous avions demandé d'effectuer l'opération 3 + 6 nous a répondu : « Ça fait un enfant. » Dans la seconde qui suivit, alors que nous lui posions une autre opération aussi simple : 4 + 5, elle répondit sans aucune malice, avec la même assurance : « C'est pareil, ça fait également un enfant. » Cette femme avait adopté l'attitude concrète qui réduisait le chiffre 9 à la signification qu'il avait pour elle, c'est-à-dire une grossesse.

Cela rappelle le cas d'un malade d'A. Angelergues qui, devant répondre à une question simple, se lance dans une grande dissertation au milieu de néologismes de toutes sortes, dans une langue totalement incompréhensible, pour terminer par la séquence parfaitement claire, « évidemment je suis malade ».

Le fait de ne pas parler ou de parler de travers, par accident ou par maladie, bref par impuissance, rejette l'individu dans l'isolement et la solitude. Et dans notre monde moderne, malgré l'impérialisme de l'image, personne ne peut se permettre de ne pas savoir lire. La richesse du cerveau humain et la complexité à laquelle nos maigres outils thérapeutiques sont confrontés nous amènent à explorer des domaines très larges. Il s'agit pour nous, thérapeutes et rééducateurs du langage, de nous frayer un chemin pour atteindre des issues de secours, toujours présentes chez tout individu désireux de guérir, de progresser, de se faire comprendre, de vivre.

Heureusement, le cerveau, comme l'individu tout entier, réserve parfois de bonnes surprises, nous guide afin de mettre en lumière chaque jour de nouvelles connexions neurologiques, des solutions innovantes qui, souvent reliées à une logique de la globalité, feront leurs preuves dans le domaine de la rééducation.

Il existe chez les patients dyslexiques une

approche linguistique particulière, qui apparemment prend sa source dans une organisation cérébrale particulière originale, qui nous paraît souvent incongrue. Nous sommes souvent surpris par l'élaboration linguistique des dyslexiques qui assimilent le concret à l'abstrait, se réfèrent à une analyse sensorielle des situations, des sentiments, des objets proches d'une remodélisation du langage façonnée par certains écrivains et poètes.

La différence majeure entre les dyslexiques et les aphasiques réside dans l'absence de lésion cérébrale chez les premiers. De plus, le cerveau et l'acuité sensorielle et intuitive du dyslexique peuvent se développer tout autant que les symptômes, à condition qu'il soit éduqué en ce sens, ce qui est loin d'être le cas, alors que l'aphasique est atteint de symptômes qui n'ont pas leurs pendants de qualités, puisque leurs troubles sont dus à un traumatisme, une lésion, une tumeur, etc.

Quel que soit le type de pathologie, la rééducation transforme la façon dont le sujet aborde le langage écrit ; les symptômes ne subsistent que s'ils répondent à une logique quasiment physiologique de l'individu. Nous semons des graines en respectant la maturation de chacun ; lui-même récoltera les fruits de son travail, lorsqu'il sera prêt et lorsque les facteurs qui nous échappent lui permettront de le faire.

Au début de notre pratique, forts de l'enseignement reçu qui nous permettait de connaître les symptômes de la dyslexie de façon essentiellement théorique, nous adhérions naïvement à l'idée selon laquelle la rééducation de la dyslexie nécessite beaucoup de patience car elle est longue et difficile. On nous apprenait qu'elle pouvait durer de nombreuses années, qu'elle ne supprimait pas tous les symptômes mais qu'elle apportait une aide précieuse en permettant le maintien, tel un corset orthopédique, de l'enfant dans son milieu scolaire.

Nous avons fait nos premiers pas sur le terrain, en exercice libéral, sous forme de collaboration avec une orthophoniste de formation « classique », compétente et passionnée, qui sut mettre en exergue les grandes lignes pratiques de la rééducation, établissant le lien avec les données théoriques abordées au cours des études d'orthophonie, ou bien à l'hôpital, face à des patients atteints de maladies neurologiques présentant des troubles complexes du langage, de la coordination des gestes, de la reconnaissance des visages, des mélodies et de la mémoire.

En analysant les résultats obtenus auprès de nos patients, nous fûmes ainsi encouragés à explorer et, enfin, à découvrir des pistes de travail cohérentes. Armés de bases classiques indispensables, enseignées scrupuleusement et avec rigueur, nous avons pu explorer peu à peu d'autres pistes et commencer ainsi à élaborer une démarche thérapeutique nouvelle visant essentiellement à rééduquer les troubles d'apprentissage du langage écrit chez des enfants, des adolescents et des adultes.

Approches diverses des troubles du langage

La pratique en cabinet libéral permet d'approcher des patients dyslexiques et dysorthographiques, leurs parents, souvent dyslexiques eux-mêmes, des enseignants aux attitudes multiples face aux troubles d'apprentissage de la lecture et de l'orthographe, ainsi que des médecins souvent étrangers aux problèmes qui concernent plutôt les rééducateurs. Nous avons exploré bon nombre de méthodes de rééducation diverses : des troubles de la voix, dysphonies, aphonies d'origines diverses, et nous avons découvert les techniques française, belge, anglo-saxonne, italienne et norvégienne. Il est étrange de comparer les approches : les Français « soignent », les Belges « éduquent », les Anglais « transforment », les Italiens « comparent », les Norvégiens « associent les démarches qui traitent un même patient »... Nous avons pris un certain plaisir à naviguer d'une technique à l'autre, comprenant que la richesse de notre métier consiste à créer des liens entre des approches différentes, voire opposées.

Nous avons été frappés par le fait que le bégaiement suscite une réelle passion tant chez les thérapeutes que chez les patients, que ce trouble complexe peut être traité de mille façons différentes et combien la part de l'organique et du psychologique y est difficile à déceler.

Nous avons préféré associer les théories occidentales aux techniques africaines, indiennes ou indonésiennes de rééducation du bégaiement par le truchement de pédagogies fondées sur l'apprentissage des rythmes corporels et linguistiques, sur la dissociation entre le mot, l'émotion, le geste, afin de rendre à la personne bègue une autonomie spontanée de la parole, malgré l'arythmie qu'elle apprend à contrôler avec plus ou moins de succès.

Nous avons aussi abordé les troubles d'articulation, comprenant la richesse du partenariat avec les orthodontistes dans ce domaine, découvrant avec plaisir que certains de nos collègues utilisaient de plus en plus l'aspect sensoriel, créant des techniques de rééducation à la fois précises et plaisantes.

Nous avons pris connaissance d'un bon nombre de méthodes paramédicales et médicales de rééducation des troubles de dyslexie, dysorthographie, dysphasie, dysgraphie, dyscalculie, basées sur l'éducation de l'oreille, sur les principes de l'acupuncture, sur l'élaboration d'outils informatiques, etc. Nous avons ainsi pu nous familiariser avec de nombreux points théoriques, mais ces méthodes nous ont paru s'éloigner des principes sur lesquels elles reposaient, tant dans le choix des outils que dans la façon de les utiliser, aussi ne nous ont-elles pas totalement satisfaits.

Dans nos pratiques de médecin et d'orthophoniste, nous avons approché des théories diverses et des pratiques telle l'eutonie [1] car nous sommes persuadés qu'un travail corporel, tant pour soi que pour ses patients, est nécessaire lorsque l'on rééduque les troubles du langage.

Nous avons été très intéressés par les travaux de F. Dejong Estienne qui, dans divers domaines de la logopédie (l'orthophonie en Belgique), a développé des outils très créatifs fondés sur des bases scientifiques rigoureuses et complexes, et ceci grâce à un état d'esprit tout à fait révolutionnaire, consistant à apprécier les patients comme des êtres globaux, riches de talents ne demandant qu'à émerger. Cette approche nous a encouragés à poursuivre nos recherches d'autant que Mme Dejong Estienne considère que l'important est de créer une méthode originale et personnelle.

Nos découvertes

Nos recherches nous ont menés à la découverte de pratiques artistiques passionnantes et singulières, notamment auprès de Maggie Nicols pour la

1. Eutonie : technique corporelle de Gerda Alexander visant à restituer l'équilibre du tonus.

musique improvisée, d'Alan Silva pour le travail d'écoute et de composition, d'autres artistes pour le théâtre musical. Nous avons pu découvrir, à travers diverses pratiques disciplinaires corporelles et artistiques, l'importance du rythme dans le langage, grâce au travail effectué auprès de percussionnistes africains et indiens contemporains. Nous avons participé à des performances dansées, à l'écriture de pièces musicales pour le théâtre gestuel, à des expositions de peintures et de sculptures, à des productions de spectacles. Nous avons eu ainsi l'occasion de rencontrer des artistes et des scientifiques et de former une équipe de recherche où pédagogies artistiques et rééducation des troubles du langage, concernant surtout la dyslexie et la dysorthographie, étaient associées.

Au fur et à mesure, des médecins, des ostéopathes, des kinésithérapeutes, des psychologues, des linguistes et des informaticiens nous ont rejoints. Enfin, nous avons pu ouvrir le cercle aux dyslexiques eux-mêmes, petits et grands, à leurs parents, aux enseignants.

Nous avons organisé pendant plusieurs années, une à deux fois par semaine, des réunions au cours desquelles nous développions un thème artistique, orthophonique ou autre. Nous y faisions part de nos acquis, comparant les points de vue de chacun, établissant au fur et à mesure une cohérence théorique, une harmonisation des points de vue afin de construire des analyses solides, à la fois scientifiques et artistiques.

Nous nous sommes appuyés sur des fondements théoriques qui ne se cantonnaient pas à une discipline mais englobaient toutes les autres, afin de mettre au point et d'expérimenter les outils thérapeutiques devenus les piliers de la méthode Sensonaime.

Même si le groupe initial, qui a vu le jour en 1985, a beaucoup changé au fil du parcours de chaque protagoniste, nous ressentons toujours cette envie de faire évoluer nos recherches, afin de proposer des formules thérapeutiques variées, qui, loin d'être figées dans un fonctionnement répétitif, se renouvellent sans cesse à la lumière de nos découvertes.

Nous avons pris conscience de l'importance d'une éducation artistique et corporelle dans la rééducation de la dyslexie, de la nécessité de créer de nouveaux outils orthophoniques pour faire entrer le dyslexique dans le monde de l'écrit, en s'adaptant à son mode de pensée. Les approches artistiques permettent la superposition d'apprentissages utilisant à la fois :

— les fonctions du cerveau dans l'analyse des paramètres psychoacoustiques constituant la musique ;

— la stimulation des aires cérébrales associatives, qui peuvent alors traiter les informations de façon totalement différente et imprévue ;

— l'harmonisation du transfert des informations par le corps calleux[1] ;

— la prise de conscience des gestes corporels isolés et reliés à l'ensemble du corps ;

— le plaisir des sens et l'assouvissement d'une curiosité sensorielle et intellectuelle concernant l'écoute des sons — la découverte du texte et du poème véhiculé par les mélodies, le mariage des rythmes, des mélodies et de leur interprétation dansée sont spontanés durant l'enfance, mais ils se perdent au fur et à mesure que le sujet grandit en

1. Corps calleux : commissure blanche, horizontale, unissant le cortex d'un hémisphère à celui du côté opposé.

raison des barrières sociales et affectives qui lui sont imposées ;

— la capacité de jouir de la musique, comme du langage, seul ou bien à plusieurs.

Nos observations nous ont permis de constater que les dyslexiques procèdent de façon originale pour exprimer leurs pensées, y compris à l'oral, ce qui leur vaut bien des désagréments en société. Leurs parents les surnomment fréquemment « mon petit martien », « mon extraterrestre ». Lorsqu'ils se retrouvent, lors des ateliers ou des stages, nous constatons souvent entre eux une complicité linguistique indéniable.

Nous avons organisé des stages d'orthophonie en faisant appel à des professeurs de jonglage afin qu'ils transmettent aux enfants les principes d'équilibre et de rythme inhérents à cette discipline. Ces pratiques nous permettent d'ancrer chez certains enfants les principes de décodage du code linguistique en phonèmes, syllabes, mots, phrases ainsi que la fluidité en lecture.

Il n'est pas rare de constater qu'un enfant qui arrive à jongler en équilibre sur un rollabolla tombe s'il se trompe en épelant un mot. En revanche, si le mot est correctement épelé, l'équilibre ne sera pas rompu. Nous apprenons alors à l'enfant, avec ou sans outils de jonglage — puisque cet exercice peut se faire sur une planche ou bien même sur un pied —, à inverser le processus consistant pour lui à s'appuyer sur un équilibre extérieur (les règles de lecture, la correspondance des phonèmes et des graphèmes) et à négliger les bases de son propre équilibre. Lorsque l'enfant privilégie ce dernier, le rythme de ses gestes, la pose d'un regard panoramique et d'une écoute multidirectionnelle, les mots s'épellent comme par magie, sur un rythme cadencé, sans fautes. De plus, la mémoire du mot est conservée dans un endroit où l'enfant n'aura aucun mal à le retrouver lorsque cela sera nécessaire.

Lors de ce stage, une petite fille tout en pleurs dit qu'elle ne retrouvait pas « le visage », alors que le professeur le lui avait enseigné peu de temps auparavant. Cela l'attristait vraiment et elle ne voulait pas jouer à autre chose, il fallait que son prof revienne lui montrer ce qu'elle désirait. Il arriva et lui dit d'un air entendu : « Ah ! tu ne te souviens plus de la figure ? » Lui-même dyslexique, il n'avait pas eu beaucoup de mal à traduire la pensée de la petite fille face à laquelle nous nous débattions sans grand succès.

Grâce à des réflexions comme celles-là, glanées au fil des séances, nous avons compris que le dyslexique organise sa pensée d'une façon qui, pour le non-dyslexique, pourrait paraître absurde au premier abord mais qui répond à une logique et à une démarche différentes que nous devons prendre au sérieux si nous voulons le rééduquer.

Pour décrire comment raisonnent certains dyslexiques, citons cet enfant à qui nous demandons de dire le nom d'une fleur qui commence par *f*. Il répond du tac au tac « fleur », une réponse que pourraient fournir bien des enfants, pas particulièrement dyslexiques. Nous l'invitons donc à trouver une autre réponse. Il réfléchit assez longuement, puis son regard s'illumine et, d'un air victorieux, il dit : « farcies », tout en l'écrivant au féminin et au pluriel. Très intrigués par cette réponse, nous lui demandons : « Pourquoi farcies ? » Alors il regarde avec dédain son orthophoniste, Béatrice, du haut de son 1,20 mètre, comme si elle représentait tout à coup à ses yeux la dernière des cruches, elle, l'idole qui écrit à l'envers, en miroir (l'orthophoniste sait aussi écrire comme les dyslexiques), dans tous les sens, elle qui sait lorsqu'il se trompe en lisant, sans même avoir le texte sous les yeux. Toute cette magie de l'orthophoniste qui connaît les secrets de la lecture et de l'écriture disparaît d'un coup. Il s'exclame, en guise d'explication : « Et comment tu les manges, toi, les tomates ? »

Cet enfant nous explique que les tomates ont une odeur particulière, une légère croûte dorée et que c'est pour lui que sa grand-mère les prépare tous les mercredis. Nous nous hasardons à lui proposer d'associer l'odeur, la croûte, le plaisir des sens et le souvenir chargé d'émotions liées à ces fameuses tomates, à l'accord qui relie ces deux mots, ce qu'il fait, dans un premier temps sans bien comprendre pourquoi.

La stratégie consistant à déchiffrer les associations que font les dyslexiques pour justifier d'une orthographe logique et structurée nous permet souvent de mieux les comprendre ; mais leur logique est si différente de la nôtre que ce mode de décryptage reste aléatoire et passible d'interprétations erronées de notre part.

Cette anecdote démontre combien, pour la personne dyslexique, les sens, les mémoires de toutes sortes et le code, la règle peuvent être associés pour éviter les erreurs.

Cet enfant a compris cette règle et a pu l'appliquer très vite à l'école, amusé par le fait que la rééducation prenait une tournure inattendue ; il m'a ensuite guidée plus volontiers, me décrivant les stratégies d'associations d'idées qu'il utilisait sur lesquelles j'ai pu m'appuyer pour le rendre autonome face au langage écrit, avec des résultats scolaires en français et en orthographe particulièrement encourageants. Ces stratégies consistaient dans son cas à imaginer des personnages en relief, riches en formes et en couleurs, pour animer le déchiffrage des lettres et des signes linguistiques ; puis il écoutait le son des images, goûtait le contour des formes, pénétrait dans les idées comme dans un océan aux profondeurs variées, aux couleurs imaginaires, reconnaissables comme des personnages dont le timbre devenait vivant, odorant, identifiable à loisir.

Le dyslexique en mouvement

Plus on s'intéresse aux productions orthographiques des dyslexiques, plus on se rend compte que les prétendues « fautes », les productions erronées, sont très différentes de celles des personnes qui ne seraient tout simplement pas douées en orthographe. Il s'agit en effet d'une interprétation différente de la langue, qui pourrait ressembler à celle qu'en ferait une personne d'origine étrangère. Nos recherches nous ont amenés à développer des cadres thérapeutiques au sein desquels les dyslexiques peuvent s'exprimer, soit spontanément, soit à partir d'un thème, de telle façon que leurs performances en orthographe, en rédaction et en lecture soient décuplées.

Nous avons construit des outils et affiné des consignes à partir d'un travail approfondi sur le corps, l'écoute, le rythme, le chant, le langage oral, le dessin, les étirements, afin de stimuler les fonctions supérieures du cerveau, d'harmoniser corps et esprit chez nos patients souvent tendus et découragés à l'idée même d'écrire ou de lire ne serait-ce parfois qu'un seul mot. Nous les rendons disponibles à l'écriture, afin qu'ils utilisent ce mode d'expression sans inhibitions, forts de nos stimulations tant précises que globales, adaptées à chacun des participants.

Les consignes jouent, elles aussi, un rôle prépondérant pour amener le dyslexique à trouver comment se servir des outils thérapeutiques au plus juste et au plus tôt. Nous en avons mis au point une série préconisant l'adjonction volontaire de fautes d'orthographe, en allant jusqu'à leur « interdire » d'écrire sans fautes. Plus le patient est surpris par le travail qui lui est demandé, plus il est intrigué, étonné de l'absence de repères habituels, et mieux il s'adapte à toutes les consignes, à toutes les règles sociales, physiologiques et linguistiques. Il apprend à se repérer dans ce nouveau contexte qui ne lui rappelle en rien les cadres scolaires dans lesquels il ne trouve pas sa place et se sent en échec.

Voici trois histoires inventées lors d'ateliers de rééducation, qui dénotent à l'écrit une imagination et un humour dont on ne croit pas ces enfants capables au vu de leurs résultats scolaires.

Kevin, 7 ans, un petit garçon fort rusé, désirait ardemment un stylo en forme de banane qui trônait sur le bureau. Ne sachant comment s'y prendre pour qu'on le lui donne, il écrivit ce texte flatteur, persuadé que le corbeau lâcherait son fromage — ce qu'il fit bien entendu. Ce texte était extraordinairement long par rapport à ses productions habituelles et, pour la première fois, intelligible.

La consigne était d'écrire un texte les yeux bandés, en choisissant une posture au sol confortable mais dans laquelle il n'avait pas l'habitude d'écrire, ce qui le perturbait durant la durée de son exercice d'écriture. Il devait également émettre des onomatopées alliant des rythmes binaires et ternaires, visant à accentuer la perception de ces deux modes musicaux très différents, afin de

Chanson de Kevin

le fess saberuk et beau samouille
et béatrice lortofonise et yoann
isé parles la lang fransaise
elle mèt ser pied sur sont
bureau des années 502. elle na ocin
sousi nepa in non non ocune
fille mèt pas plus untéligante
ce sept ortofaunistes plus janties
que sept ortofaunists et moi deviné
qui jesuis bien mèt oui jesuis Kevin
Robert. signatur de Kevin et béatris.

stimuler son hémisphère mineur à trouver des images...

« Chanson de Kevin.

« Le feu, ça brûle et l'eau ça mouille et B., l'orthophoniste et Y. il sait parler la langue française. Elle met ses pieds sur son vieux bureau des années 502. Elle n'a aucun souci même pas hein ? Non, non, aucune fille n'est pas plus intelligente que cette orthophoniste, plus gentille que cette orthophoniste et moi devinez qui je suis, et bien moi je suis Kevin R. Signatures de Kevin et Béatrice. »

V., 10 ans, un enfant très malheureux à l'école, avait perdu tout son sens de l'humour. Dans ce texte, il jette un regard désabusé sur le monde. La consigne consistait à écrire en regardant évoluer une danseuse qui improvisait et que nous accompagnions à la guitare, soulignant le relief de ses gestes, car le relief et la coordination linguistico-motrice faisaient gravement défaut à notre patient :

« La fille pas normale.

« C'était une fille qui ne savait que faire "TLE, TLE, TLE" et un beau jour elle alla dans les W.-C. pour essayer de dire au moins un mot mais elle n'y arriva pas puis elle appela des spécialistes et les spécialistes réfléchirent pendant des années et des années. Et si bien qu'elle mourut. »

D., 9 ans, quant à lui, affichait une attitude très sereine, faisant mine de ne pas être touché par les zéros à répétition qui ponctuaient ses copies. Au regard de sa stratégie de diversion somme toute assez efficace, il écrivit cette petite histoire, après une demi-heure de travail corporel visant à

La fille pas normal

c'était une fille qui
ne savais que fair
ble ble ble et un
beaus jour elle
alla dans les W C pour
essayé de dire un mand
oméin
mes elle n'y arrivas pas
puis elle apelas les
spésialiste et les spésia-
liste réfléchir et réfléchir
pendant des année et
des année.
et si bien longtemps celle mourus.

dynamiser le bas de son corps, qui avait tendance à être hypotonique, contrairement au haut, hypertonique.

Ce travail est inspiré de l'eutonie, dont nous nous servons régulièrement au cours de séances de travail en individuel ou en petits groupes, au sein de l'association Puissance Dys, dont nous parlerons plus loin. Nous laissons le plus souvent les groupes plus importants aux soins d'autres intervenants spécialisés dans les domaines du mouvement et des pratiques corporelles.

« Dimanche soir, il m'est arrivé une histoire extraordinaire mais si je vous la raconte vous la raconterez à plein d'autres personnes et je ne veux pas que quelqu'un d'autre la sache c'est pour ça que je ne veux pas vous la raconter !!
Je peux seulement vous dire que... cela s'est passé derrière un mur gris. »

« Fin »

La rééducation des enfants qui présentent des troubles plus ou moins sévères de l'apprentissage du langage nécessite de la part des orthophonistes non seulement l'acquisition et la maîtrise de techniques nombreuses et variées, mais aussi une capacité de créativité, une ouverture, une plasticité d'esprit et d'adaptation leur permettant d'analyser avec rigueur et méthode les productions inédites de leurs patients, de les comprendre et de les traduire.

Le souci d'efficacité doit être permanent, sur le plan personnel et sur le plan scolaire et professionnel, même s'il nous importe tout autant de voir nos patients épanouis et heureux d'être ce qu'ils sont.

Voici le vécu de certains dyslexiques qui se sont exprimés au cours des séances de rééducation,

Dimanche soir, il m'est arriver une histoire

extraordinaire mais si je ~~je~~ vous la

raconte vous la raconterez à plein d'autre

personne et je ne veux pas que

quelqu'un d'autre la sache c'est pour

ça que je ne ~~vo~~ veux pas vous la raconter!!

Je peux juste vous dire que cela s'est

~~passé~~ passer dernière un mure gris.

Fin

sachant que nous leur demandions de le faire en privilégiant le fond de leurs pensées sans se soucier de la forme (orthographe, syntaxe, découpage des sons, confusions). Nous leur proposons des consignes toujours différentes, afin qu'ils n'adhèrent pas d'une fois sur l'autre à des comportements conditionnés, à des attitudes calquées sur le système scolaire.

L'exercice consistant à écrire des textes, avec ou sans thème de départ, se base sur un travail en profondeur qui mobilise toutes les capacités du patient, à un moment donné, pour un temps donné. Il serait trop long de l'évoquer plus en détails, nous ne parlerons dans cet ouvrage que des outils orthophoniques et artistiques utilisés au sein de nos ateliers, séances et stages.

F., un jeune adolescent, victime d'une obésité psychogène, a dû apprendre à aimer son corps, à maigrir, à faire une psychothérapie tout en surmontant une dyslexie et une dysorthographie sévères. Il nous apprend combien l'harmonie entre corps et esprit constitue pour lui le chemin de l'épanouissement :

« En théorie, une personne dyslexique est confrontée au problème du désaccord. C'est ainsi que se créent des troubles profonds entre son corps et son esprit et qu'il devient sujet à cette maladie.

« En conséquence, lorsque le corps et sa conscience ne sont plus à même de se concilier, au risque de produire un effet très néfaste pouvant amener l'individu à l'exil du monde qui l'entoure, le problème doit être examiné. Ainsi, je pense que la conscience du corps est susceptible de coïncider avec les progrès du dyslexique, de l'aider à se définir, à s'identifier, à se retrouver, à l'émettre dans la réalité des choses car un corps sans esprit est comme un arbre sans ses fruits. »

Au cours d'un stage, après une heure d'atelier de chant, C., un jeune homme de 16 ans s'est mis à écrire. Au bout d'un bon moment, il a demandé s'il pouvait continuer encore alors que nous allions commencer une autre activité. Il avait l'air grave, imprégné par le souvenir d'un vécu douloureux et aussi excité à l'idée de pouvoir se servir de l'écriture pour se raconter, pour manifester ce malaise qui ne l'avait jamais quitté — on sentait chez lui une urgence émouvante. Cette première expérience lui a donné envie de découvrir l'univers de la lecture et permis de retrouver le sourire, une fois soulagé, débarrassé d'un fardeau un peu trop lourd à porter pour ses frêles épaules :

« La dyslexie est un problème qui survient dès le plus jeune âge et malheureusement c'est mon histoire. Une histoire parmi tant d'autres. Cela a commencé au CP, une prof qui disait : "Quoi faire de toi, te mettre au fond de la classe ou te mettre dehors ?" Elle a préféré le mettre dehors, il a passé une bonne partie de l'année dehors, elle l'a fait redoubler, il a refait un autre CP. Au deuxième CP, la prof a vu qu'il ne s'éveille pas comme les autres, alors elle l'a oublié ; il est plus facile d'oublier que de s'embêter avec un élève, alors elle l'a fait redoubler une autre fois. Et là, à ce moment-là, il a été envoyé dans une autre classe. Il a vu que le prof était dur mais qu'il avait des manières d'enseigner qui marchaient, et là il a cru que son problème était fini, il travaillait bien, comprenait bien. Arrivé au CM1, là reviennent les problèmes, un prof assez sévère et qui aimait bien les premiers, alors il s'est retrouvé au fond de la classe à côté du radiateur.

« Tout seul, c'était la belle place en hiver, mais qu'est-ce que ça lui a apporté ? Une autre année de perdue. Ils ne voulaient plus s'embêter avec lui, alors ils l'ont fait passer en 6e. Finies les classes primaires, finis les moyens de réussir. Une fois arrivé en 6e, lui qui avait déjà des problèmes en français, il devait apprendre l'anglais. Il n'avait pas le courage de dire un mot en classe car, dès qu'il disait un mot, ses camarades lui rappelaient qu'il ne savait ni lire ni écrire, tout pour le renfermer sur lui-même. Tous les lundis à 10 heures, il avait cours de français et tous les premiers lundis du mois, c'était la lecture. Il savait ce qui arriverait s'il lisait, alors il avait trouvé une idée : dès que tous ses camarades prenaient leurs livres de lecture, il disait qu'il ne se sentait pas bien, alors le prof l'envoyait à l'infirmerie. Pour lui, c'était la liberté : ne pas dire devant les autres, ne pas se faire emmerder sur son problème. À l'infirmerie, il disait qu'il avait mal à la tête, au ventre, il inventait n'importe quoi pour rester le plus longtemps possible, le temps nécessaire pour ne pas lire. Puis l'infirmière lui donnait un billet pour rentrer en cours, et lui, il restait dans la cour, dans les couloirs, il se cachait dans les toilettes. Une fois qu'il arrivait en cours, il ne restait plus assez de temps à la prof pour le faire lire. Alors, il était sauvé mais il savait que ça ne pourrait pas durer tout le temps. Un jour, ça n'a pas marché, ses maladies fréquentes, la prof a refusé de l'envoyer à l'infirmerie et il a dû lire le reste… Je vous laisse deviner ce qui s'est passé. Un jour, en histoire, le prof lui a demandé de lire le cours qui avait été pris en dictée par toute la classe : il n'arrivait pas à se relire, car il n'arrivait pas à écrire. Le prof prit son cahier et dit : Je comprends pourquoi tu ne lis pas, c'est tellement mal écrit ; il lui mit une mauvaise note pour le soin mais ne divulgua pas son secret.

Et, là, il a été envoyé en préapprentissage pour qu'il sorte plus vite et qu'il ne les dérange plus. Une semaine de travail et un rapport de stage qu'il devait lire à la classe ; il ne le faisait jamais, disait qu'il l'avait oublié jusqu'au jour où elle dit qu'elle allait le faire virer du collège, alors il alla voir un médecin en lui disant qu'il avait la diarrhée et que, dès que ça venait, il ne pouvait pas l'arrêter et que ça lui posait des problèmes à l'école. Le docteur lui fit un papier qu'il devait montrer à tous les profs et à l'infirmière pour dire qu'il avait des diarrhées chroniques et que, si ça venait, le prof devait le laisser sortir immédiatement pour qu'il aille aux toilettes.

« Lorsqu'il fallait lire les rapports, il demandait à sortir, il allait se promener dans la cour et revenait écouter derrière la porte, attendait que la lecture soit finie et entrait en classe. Je regrette que de mon temps la dyslexie n'était pas reconnue, tous les dyslexiques étaient des échecs scolaires, les parents ne savaient pas quoi faire. Les profs jouaient aux « échecs scolaires » et au ping-pong avec les dyslexiques, on les envoie d'une classe à l'autre, et hop ! on les fait redoubler, on les met au fond, on ne s'en occupe pas. Voilà ce qui m'est arrivé, je ne l'avais jamais dit et ça restera un moment de ma vie très pénible et je ne pourrai jamais l'oublier.

« Merci.

« Fin. »

Voici, dans un tout autre style, deux garçons fort complices. B. et M., 10 et 11 ans, fort heureux de se retrouver tous les mardis pour faire les quatre cents coups en orthophonie. Leur complicité leur a permis de faire beaucoup de progrès, mais aussi de nombreuses bêtises. Ils avaient un regard sur le monde et les individus absolument redoutable,

Histoire des mots qui ne s'écrivaient pas tout seul

Il était une fois deux amis, deux petits garcons de 10-11 ans, qui n'arriver pas à écrire des mots sans faire plein de fautes.

Il avait tout éssayer des sorcières des tos d'orthofonistes minables, qu'ils roulaient tous dans la farine.
Jusqu'au jour il rencontrèr une sorcière avec des cheveaux noir sale et ~~boucle~~ bouclé des vérrues partous un serpent qui sort ~~des~~ d'une oreille des vers de terre qui lui trouent les dents; et surtout une méduse qui lui sert de chapeau et des grands pieds; il y avait aussi un gros chat marons qui pue des pattes tout moches ~~qui~~. Elle s'appeller Béatrice elle dit qu'elle pouvait les aider à condition qu'il lui donne de

l'or ils lui donnerent de la
pacotille (un bout de plastique doré)
elle était tellement bête que
s'y laissa prendre elle les aida
et il n'ure plus jamais
de problème de francais.

Fin

n'omettant aucun détail susceptible de servir leur art de dresser des portraits terrifiants des personnes de leur entourage. Un jour où nous nous étions fâchés, ils ont écrit une histoire qui, selon eux, allait nous réconcilier tant elle était « objective, réfléchie, intelligente et digne de la dynastie des futurs dyslexiques rééduqués » :

« Histoire des mots qui ne s'écrivaient pas tout seuls.

« Il était une fois deux amis, deux petits garçons de 10-11 ans, qui n'arrivaient pas à écrire des mots sans faire plein de fautes. Ils avaient tout essayé, des sorcières, des tas d'orthophonistes minables, qu'ils roulaient tous dans la farine. Jusqu'au jour où ils rencontrèrent une sorcière avec des cheveux noirs, sales et bouclés, des verrues partout, un serpent qui sort d'une oreille, des vers de terre qui lui trouent les dents ; et surtout une méduse qui lui sert de chapeau et des grands pieds ; il y avait aussi un gros chat marron qui pue des pattes, tout moche. Elle s'appelait Béatrice, elle dit qu'elle pouvait les aider à condition qu'ils lui donnent de l'or ; ils lui donnèrent de la pacotille (un bout de plastique doré) ; elle était tellement bête qu'elle s'y laissa prendre ; elle les aida et ils n'eurent plus jamais de problème de français.

« Fin. »

Pour conclure ce chapitre, nous dirons que la rééducation de la dyslexie que nous pratiquons aujourd'hui et qui évolue chaque jour est la somme de multiples influences, d'une digestion lente et mesurée de chacune d'entre elles, qu'elle se nourrit à la fois d'empirisme et d'intuition, tente de réaliser une synthèse entre l'art et la science, au sein d'une équipe pluridisciplinaire incluant les dyslexiques eux-mêmes, alliant pédagogie et thérapie, ainsi qu'une formidable envie de travailler dans une ambiance chaleureuse de créativité.

3

L'association Puissance Dys

Ses origines

Au sein des familles de patients dyslexiques et dysorthographiques, on découvre une souffrance, un désarroi et un profond désespoir : la position de ces enfants en échec scolaire évoque celle des élèves qui présentaient il y a quelques dizaines d'années des troubles de la vue ou de l'ouïe.

Souvenez-vous des remarques de cette époque : ils ne peuvent pas suivre, ils ne comprennent rien, ils sont idiots... Lorsque ces gamins ont pu porter des lunettes, leurs résultats se sont améliorés de façon spectaculaire, malgré les réflexions de certains sceptiques : « Les lunettes sont à la mode, à en croire les médecins, ils devraient tous en porter ! »

Cela nous fait sourire et pourtant... Aujourd'hui, 8 à 12 % de la population présentent des troubles plus ou moins sévères d'apprentissage de la lecture et de l'écriture : les enfants sont traumatisés, les parents déprimés, les enseignants s'arrachent les cheveux, pourquoi ? Parce que l'on dit de ces enfants qu'ils ne peuvent pas suivre, qu'ils ne comprennent rien, qu'ils sont idiots. Cependant, lorsqu'ils sont rééduqués, tout rentre dans l'ordre avec une simplicité et une évidence surprenantes.

Les techniques de rééducation de ces troubles sont en pleine évolution et progressent lentement, car on connaît encore mal les principes neurologiques d'apprentissage de la langue écrite. Certains voudraient créer des institutions spécialisées, des écoles pour élèves handicapés de l'écrit. Cette solution serait sûrement bénéfique pour certains d'entre eux qui présentent des troubles associés dépassant le cadre de la dyslexie ; ils ne représentent cependant que 3 à 4 % des enfants atteints de dyslexie.

Nous préférons imaginer des solutions efficaces et adaptées, à mettre en place au niveau national, qui seraient bien moins coûteuses et beaucoup plus humaines, et permettraient de ne pas marginaliser des enfants et des adultes aux qualités parfois exceptionnelles. Celles-ci pourraient être développées au sein de l'Éducation nationale et de l'ANPE, au niveau des formations en entreprise, dans les institutions médico-sociales, dans les cabinets d'orthophonie.

Les troubles de l'apprentissage de la lecture, de l'écriture, du graphisme et du calcul, non décelables au plan somatique, n'ont été répertoriés que récemment. Leurs effets sont dévalorisants pour ceux qui en souffrent et se voient réduits à être considérés comme des incapables, des inadaptés, des poids à traîner de classe en classe, tant que les parents s'opposent aux redoublements perpétuellement conseillés, jusqu'à ce qu'ils aillent dans des classes ou des structures spécialisées, privées ou publiques alors qu'ils ont en réserve des capacités inestimables et ignorées de tous.

Notre association a participé à plusieurs « projets pilotes » au sein d'une classe de CP, puis de CE1, sans faire de distinction entre les « Dys » et les autres élèves. Nous collaborions avec les deux institutrices afin de mettre en pratique des outils pédagogiques d'enseignement de la lecture et l'écriture à partir de jeux englobant le corps, l'espace, le rythme et le temps, la mélodie... À la fin de l'année, seul un enfant ne savait pas lire — il avait des troubles du comportement et des troubles neurologiques dépassant le cadre de la dyslexie ; nous l'avons adressé à l'hôpital pour un bilan complet.

De même, en CE1, les enfants déjà diagnostiqués comme Dys et suivis en orthophonie traditionnelle, ont récupéré un niveau tout à fait correct en écriture et en lecture. Nous avons renouvelé l'expérience dans un collège public avec une classe de 4e particulièrement difficile et avons obtenu, en partenariat avec les professeurs, le principal, les orthophonistes et autres thérapeutes qui suivaient environ la moitié de ces élèves, des progrès très encourageants, tant au niveau du comportement en classe que des résultats scolaires proprement dits.

Les outils destinés aux enseignants sont complexes, car ils s'adressent à l'individu dans sa globalité, mais ils sont simples à appliquer et nous sommes convaincus que, pour la majorité des dyslexiques scolarisés, il est inutile de mettre en place des structures adaptées, des « classes de dyslexiques », des réseaux d'aide pour ces enfants au sein de l'école. La rééducation est l'affaire des orthophonistes qui devront laisser tomber les outils inefficaces et s'interroger sur des techniques plus performantes ; nombreuses (ce sont majoritairement des femmes) sont celles qui le font déjà. L'éducation est l'affaire des enseignants et des parents : apprenons aux dyslexiques en éduquant leur dyslexie, sans les mettre à l'écart des autres élèves, afin qu'ils sachent lire et écrire comme tout le monde, telle devrait être la priorité nationale dans ce domaine.

De tout temps, les sociétés ont rejeté les êtres différents de la norme, c'est pourquoi les dyslexiques, en tant que minorité, ne trouvent pas encore grâce à nos yeux.

Savez-vous comment les adultes dyslexiques, qui se font timidement connaître en France depuis peu, surnomment ce trouble : la « maladie de la honte, la syphilis de la communication » ; ces termes en disent long sur les difficultés qu'ils rencontrent pour s'intégrer professionnellement dans notre société. Ils développent un vrai talent pour dissimuler, mettre au point des stratégies de dernière minute, des camouflages de toutes sortes ; ils doivent masquer leurs troubles pour avoir l'air « normaux », tant la découverte de leurs écrits peuvent plonger dans la perplexité des lecteurs qui les considèrent alors comme des illettrés, voire des usurparteurs.

Les fautes des dyslexiques répondent à une esthétique de la langue originale et riche, et nous voudrions insister sur l'importance d'éduquer le dyslexique afin qu'ils puissent lire sans effort, écrire avec plaisir et développer en même temps leur logique linguistique, leur sens poétique ainsi que la syntaxe, les notions du temps et de l'espace qui leur sont propres.

La plupart des enfants dyslexiques et dysorthographiques aiment écrire dès leur plus jeune âge, ils noircissent des cahiers entiers afin d'exprimer leurs pensées, leurs sensations, leurs émotions. Contrairement à ce que l'on croit, l'écriture représente un de leurs modes d'expression privilégié, avec le dessin. Mais, dès les premières fautes, le regard des parents change : « Je ne comprends rien, c'est phonétique, c'est plein de ratures, tu fais trop de fautes, tu pourrais faire un effort... » Si l'on se doutait de la portée de ces réflexions, à l'école bien sûr, mais aussi à la maison, bien des traumatismes seraient évités ; on encouragerait les dyslexiques à écrire, à s'exprimer, à développer et à structurer leurs pensées, quelles que soient leurs erreurs ; on apprendrait à les connaître, à les apprécier à leur juste valeur. Qui peut prouver aujourd'hui que la logique linguistique des dyslexiques soit aberrante ? Le problème pour eux, et pour nous, c'est qu'ils accèdent au langage écrit tel que nous le pratiquons tous, afin de participer au code commun. Notre but est donc, d'une part de les aider à intégrer ce code par une rééducation orthophonique, d'autre part de leur permettre d'être ce qu'ils sont, de développer leurs structures linguistiques originales qui participent d'une élaboration de la pensée et d'une vision intelligente et singulière de la vie en général.

Ils nous expliqueraient, par exemple, pour quelles raisons ils mettent un *s* au mot *mer*, car ils se la représentent avec des vagues ; que les auxiliaires pourraient être *aller* et *venir* ; qu'une ligne droite, c'est « une courbe, car elle suit l'infini », etc. Doit-on étouffer, atrophier, interdire cette pensée, cette poésie, manifestées dès qu'on leur permet de s'exprimer sans craindre une épée de Damoclès au-dessus de la tête, sans jugement, *a priori*, mais au contraire avec confiance ?

Ses activités

L'association Puissance Dys, créée en 1992, réunit des scientifiques, des médecins, des artistes, des enseignants, des dyslexiques, des parents de dyslexiques, ainsi que des orthophonistes et des thérapeutes du langage, dans le but de mettre fin aux difficultés présentées par les dyslexiques et les dysorthographiques grâce à une rééducation rapide et efficace. Elle organise des stages et des ateliers thérapeutiques et artistiques afin de rééduquer et d'éduquer les dyslexiques, enfants, adolescents et adultes ; elle tient des conférences afin d'informer les enseignants et les parents et prodigue des formations théoriques et pratiques pour les orthophonistes. Elle participe à l'élaboration de spectacles, de disques compacts (collection *Exerce Hisse*), de livrets et de vidéos visant à aider les patients au cours de leur thérapie, à mettre en valeur leurs qualités artistiques ; elle fournit aux petits et aux grands l'occasion de découvrir des œuvres d'artistes qui proposent des matériaux de choix pour la rééducation et le plaisir des patients dyslexiques ou dysorthographiques.

Elle collabore avec Inouïe, une maison de production de disques pour enfants, à produire une collection de disques compacts qui va permettre aux dyslexiques, enfants et adultes, à leurs parents et aux orthophonistes d'entrer au cœur même de la rééducation tout en leur proposant un objet artistique à part entière. Elle produit chez Gerip (logiciels de rééducation en orthophonie) un CD-rom de rééducation et met au point des CD-rom pédagogiques sous forme de jeux pour travailler en famille.

Tous ces outils permettent de travailler :

— le rythme du langage, la poésie, la durée, la mélodie, l'intonation, la vision des sons, mais aussi du sens des mots, du discours écrit ;

— l'analyse du rôle prépondérant des paramètres psychoacoustiques du langage au sein des structures neurologiques, musicales, plastiques et sensorielles ;

— la conversion phonème-graphème ;
— la conscience phonologique et les processus de segmentation visuelle et auditive ;
— le traitement des différents types de mémoire ;
— l'écoute et la corrélation des perceptions ;
— des processus métaphonologiques et la médiation phonologique, les explorations sensorielles, cognitives et corporelles qui vont mener à la synthèse de l'improvisation (composition et interprétation simultanées) ;
— de la prosodie (l'intonation) ;
— des axes paradigmatiques et syntagmatiques du langage ;
— du traitement des informations temporelles ;
— de l'organisation spatiale ;
— de la synthèse entre la pratique et la théorie : travail des capacités d'analyse à travers la créativité et l'adaptation spontanée.

Les disques proposent plusieurs projets différents :
— des chansons écrites pour les enfants à partir de 6 ans, qui peuvent être écoutées également par les plus grands ;
— des poésies chantées pour les adultes ;
— des textes de personnes dyslexiques de tous âges accompagnés de musiques improvisées, réunissant des musiciens qui vont donner un relief sonore à ces productions ;
— des exercices parlés, chantés, à écouter ou transcrire ou répéter à la maison.

L'approche du langage à travers des images poétiques qui exacerbent le sens de chaque mot ou l'utilisent de façon singulière va permettre à l'enfant, à l'adolescent et à l'adulte de jouer avec le signifiant, de provoquer des situations linguistiques peu communes. En associant très vite un dessin mélodique au texte, juste en partant du sens de la phrase, nous pourrons induire et développer la notion fondamentale de la musique et du rythme qui sont inhérents au langage.

Les chansons et les compositions originales que nous proposons de faire entendre à nos patients permettent une immersion dans le tonitruant chaos linguistique qu'ils affectionnent particulièrement.

Ils découvrent des mélodies et une écriture poétique qui leur procurent beaucoup de plaisir et d'émotions. Ils les écoutent souvent en dehors de toute approche pédagogique et thérapeutique, car elles sont conçues comme des créations artistiques à part entière participant aussi à l'ouverture de leur culture musicale et littéraire.

Les productions de nos patients deviendront de plus en plus nombreuses au fur et à mesure de l'écoute des disques de chansons, ce qui leur permettra de dédramatiser l'acte d'écrire et/ou de lire.

Cette façon d'aborder les mots et le langage écrit et oral va permettre au dyslexique de prendre un peu de distance, mais aussi de prendre conscience de l'intérêt de ses productions écrites. Les troubles du langage impliquent souvent une souffrance, une honte face à l'impossibilité d'utiliser ces outils de communication avec aisance. Notre travail consiste également à abolir l'autocensure chez le patient. Nous souhaitons mettre en valeur les textes et les poésies des dyslexiques, produits à partir de notre travail, de notre approche, car leur style très particulier répond à un univers linguistique et métaphorique original. La production de ces disques constitue une brèche ouverte sur le sens renouvelé et permet d'organiser l'écholalie du chaos des sujets qui s'ouvrent enfin au monde de l'écrit.

L'association élabore également des batteries de tests permettant d'observer les liens existant entre la perception et la compréhension des paramètres psychoacoustiques (rythme, intensité ou volume sonore, timbre, fréquence ou hauteur) de la langue et ceux de la musique, afin d'observer qu'elles sont, non pas les difficultés du dyslexique dans ce domaine, mais ses qualités.

Nous concevons et fabriquons des jeux avec les familles, dans le but de permettre aux dyslexiques et à leurs parents de travailler à la maison tout en s'amusant. Nous participons à la création de liens entre les dyslexiques, afin qu'ils découvrent et apprécient leurs confrères et leurs consœurs, qu'ils se rendent compte que leurs similarités sont source de plaisir, de richesse et non de honte.

Nous analysons les résultats observés dans une population d'enfants, d'adolescents et d'adultes dyslexiques au fil des années et au cours d'expériences menées dans des structures diverses, cabinet libéral d'orthophonie, hôpitaux — dans les domaines de l'aphasiologie, de la gériatrie et des maladies neurologiques dégénératives (maladie d'Alzheimer notamment) —, écoles, collèges. Nous essayons de mettre en place des projets d'insertion et de réinsertion concernant des adolescents et des jeunes adultes illettrés, dyslexiques, dysorthographiques, délinquants ; nous proposons des spectacles et des comédies musicales dans les quartiers défavorisés ; nous prenons en charge la rééducation de chefs d'entreprise dyslexiques et dysorthographiques convaincus que la rééducation augmentera leurs potentialités dans les domaines des relations publiques, de la vente et du marketing. Nous prenons aussi en charge la formation d'orthophonistes pour le travail de rééducation en petits groupes au sein d'institutions ou de cabinets, la formation d'artistes à un travail sur l'écoute, l'anticipation et l'improvisation en musique et en danse, l'information auprès des professeurs dans les écoles artistiques et sportives.

Nous participons activement à l'édification d'une pyramide d'échanges entre les familles, les enseignants et les thérapeutes en charge de ces patients, dans le but de leur apprendre à travailler ensemble, à communiquer à l'aide d'un vocabulaire commun, afin que les sources de conflits s'atténuent.

Particularités d'une éducation de la dyslexie

L'essentiel du travail d'éducation des dyslexiques et des dysorthographiques consiste à leur apprendre les concepts de la langue écrite, en fonction de leur logique, de leurs capacités, de leurs aptitudes particulières. Notre objectif n'est pas de corriger la dyslexie, mais de la rendre performante, ce qui implique une rééducation des symptômes.

La pratique en groupe

Il nous paraît important de créer une émulation positive entre les participants, qui apprennent ainsi à se mesurer eux-mêmes, sans dévaloriser l'autre.

Le groupe favorise les échanges, le patient apparaît sous un angle différent, les enfants se retrouvent dans une situation comparable à celle de l'école dans la mesure où ils doivent lire, écrire, travailler, jouer, se montrer devant les autres, être performants, mais dans un climat de solidarité, de bienveillance où le sentiment de honte n'a plus sa place. Ils peuvent alors, en toute sécurité, expérimenter ce qu'ils apprennent, en pratique comme en théorie : il n'est pas rare de constater qu'un enfant à qui l'on vient d'apprendre, par exemple, un principe de lecture fasse mine de n'avoir pas compris. Pourtant, au cours de la même séance, il expliquera avec brio cette règle à un enfant plus jeune, en ajoutant des détails qui vont passionner son auditeur, le rendre avide d'informations supplémentaires.

En groupe, les enfants agités se calment assez vite pour ne pas déranger leurs camarades, les enfants timides vont se sentir écoutés et compris ; les enfants terribles vont se faire réprimander, tantôt sur un mode tendre, tantôt sur un mode autoritaire. Nous observons la mise en place progressive d'un équilibre au fur et à mesure des séances, d'une harmonisation, créant les conditions d'apprentissage et de rééducation dont ils ne peuvent bénéficier à l'école, en raison de l'exclusion dont ils sont trop souvent victimes.

Nous intervenons également en séance individuelle, lorsque les enfants en ressentent le besoin, ou bien pour faire le point avec l'enfant et ses parents sur les effets de la rééducation.

Voici des textes écrits au cours de séances de groupe par des dyslexiques qui expriment leur malaise par rapport au regard des autres. Ils ont rédigé ces textes après avoir travaillé, au niveau du corps, le lâcher-prise et la passivité ; au niveau du rythme, la durée ; au niveau des outils orthophoniques, la mise en place de lettres dans l'espace avec son corps, seul et à plusieurs :

F., 13 ans, était toujours envoyé au coin car il « n'écoutait pas », voici ses sentiments :

« Le coin
On y aime s'y réfugier lorsque tout va mal
Il vous accueille délicatement, sans vous faire de mal
Il reste là et vous regarde
Il vous protège des agressions brutales
Il vous cache grâce à son ombre
Il vous console en vous serrant fort
C'est la seule personne à qui vous pouvez parler
Et qui ne pourra rien répondre (même si vous lui demandez)
Quand il vous regarde travailler
Il admire la beauté que vous produisez
Sans lui, une maison ne pourrait exister
Car le coin touche tous les horizons. »

M., 7 ans, s'exprime dans un style plus cru, mais non moins évocateur :

« J'en ai marre d'aller au placard
J'en ai assez, je veux rentrer
Je suis dyslexique, c'est pas pratique. »

Roland, 12 ans, compose une ritournelle que plusieurs pourraient fredonner :

« J'ai pas de pot
J'suis dyslexo
J'confonds les mots
Quelle bande de sots
Mon ortho, béatrice sauvageot
Nous fait des bons exos, assez bizarres, zarro. »

F., 30 ans, nous raconte les particularités des sentiments qui animent les dyslexiques et les dysorthographiques :

ROL_AND

j'ai pas de paux chui disleco j'confor les mots quel bande de sau.

mon aureto batriase sovagio mo nous fé des bon exo asse bizarearo.

« Le temps, les années ont passé sans que je ne parvienne jamais à me situer par rapport à la sensation d'écrire. Cela pour une simple raison, on écrit pour donner à lire, et moi, lorsqu'il m'arrive d'écrire, c'est pour finir par lire ma modeste prose à haute voix à son destinataire. De toutes les façons, on a ses coquetteries. La mienne ne se situe pas dans l'œil, elle passe par la parole, par le son, qui gomme toutes les imperfections. Je me cache ? Non, j'interprète. Ma règle depuis toujours : aucune trace, aucune empreinte écrite, je ne suis pas là pour prendre racine. À l'ère du fax, c'est un peu médiéval comme technique... Je suis troubadour par nécessité. J'écris ma lettre d'amour et, le soir venu, je vais la roucouler en personne sous les fenêtres de mon promis. Il faut avoir la santé lorsqu'on est dysorthographique, ne jamais être à court d'idées, mais je vous accorde qu'il est préférable que le promis habite dans votre quartier, sinon, je vous conseillerai de le choisir hors des frontières, dans un pays non francophone de surcroît. »

L'implication des parents

Nous les informons de nos découvertes, de notre façon de procéder, leur demandant de pratiquer à la maison les exercices que nous apprenons aux enfants, en incluant la fratrie et les amis. Nous leur fournissons des outils simples (les disques, les jeux), des conseils adaptés à leur enfant, en tenant compte de sa fratrie, de son environnement affectif et social. Nous leur montrons comment réaliser des exercices sous forme de jeux faciles à mémoriser et à réaliser en famille ; ils constituent un entraînement, des gammes qui vont mener l'enfant à la maîtrise progressive des constituants du langage.

Une équipe pluridisciplinaire

Il est clair que l'analyse linguistique des troubles du langage nous éloigne irrésistiblement de l'anatomie et même de la physiologie, tout en nous rapprochant de la psychologie, et en édifiant une nouvelle discipline, la psycholinguistique.

Cette jeune discipline, née vers les années 60, bien qu'elle ait rendu précaires les classifications et corrélations anatomocliniques traditionnelles de l'aphasie, a apporté à la neurologie une contribution inestimable en créant ce qu'on appelle la logopédie dans certains pays et l'orthophonie en France.

Cette association linguistes-neurologues nécessite encore le concours d'acousticiens, de phonologues, de phonéticiens et de psychologues pour étudier le langage. On ne saurait trop insister sur la nécessité des groupes d'études interdisciplinaires non seulement pour l'investigation du langage, mais encore dans bien des domaines des sciences médicales. C'est par une telle association que notre connaissance des maladies du langage et des moyens de les soigner pourra réellement évoluer — car le langage recèle encore bien des mystères.

Nous avons associé à ces spécialistes, des artistes de formations différentes et complémentaires qui participent au mieux-être du patient dans des domaines tels que la prise de conscience du corps et du mouvement, l'étude du rythme et du chant, l'approche de la poésie, la capacité de lire, d'écrire et de rédiger, pour soi et pour les autres.

Les artistes n'interviennent en aucun cas comme thérapeutes, ils assurent une approche uniquement artistique, et nous faisons le lien avec le travail orthophonique, dans la séance qui suit, ou dans une autre session.

Nous avons pris le parti de travailler au sein d'une équipe d'intervenants réguliers assez réduite avec peu de patients afin de les rééduquer au plus juste, selon leurs besoins, et non en fonction d'une méthode impliquant la même progression et les mêmes exercices pour tous.

Étant donné les mécanismes auxquels nous paraissent se ramener les difficultés de l'enfant dyslexique et les solutions inattendues de sortie de crise que trouvent certains d'entre eux, nous dirons que les principes de rééducation doivent faire confiance à la richesse du cerveau humain, aux ressources insoupçonnées de l'enfant qui doit toujours être pris en charge dans sa globalité. Cette conception panoramique de la dyslexie ne néglige à aucun moment l'individu pris dans sa totalité ; elle porte à son actif beaucoup de succès chez des enfants et adultes dyslexiques rééduqués. Il est certain que la méthode Sensonaime, ne nécessitant aucun outillage sophistiqué, peut être pratiquée n'importe où et dans n'importe quelle langue.

L'autonomie

L'autonomie est primordiale afin que la personne dyslexique découvre par elle-même le plaisir de lire, d'écrire, de communiquer et qu'elle prenne en charge son travail scolaire ou toute autre tâche personnelle ou professionnelle. C'est par le truchement d'exercices adaptés à la personnalité de chacun, élaborés au regard des qualités de la personne et non de ses symptômes, que nous arrivons à enrayer les troubles et à rendre le patient conscient et responsable de son organisation, de la gestion de son temps de travail, de ses besoins de repos au niveau corporel et psychique, de ses rythmes de vie (repas, sommeil, jeux, loisirs...), de ses modes privilégiés d'apprentissage et de synthèse, de l'analyse permanente, consciente et efficace de ses capacités de travail pour qu'il trouve spontanément comment s'adapter à des situations scolaires et professionnelles toujours changeantes.

Une conception « sur mesure »

Cette notion fondamentale régit notre pratique et offre aux patients la capacité de continuer à mettre en œuvre les moyens nécessaires à l'obtention de résultats satisfaisants tout au long de leurs études ou de leur vie professionnelle. Ils doivent s'approprier, au fur et à mesure de leur rééducation, les outils que nous leur proposons, en comprendre tous les mécanismes et leurs implications dans les tâches immédiates comme à plus long terme. Mieux ils comprennent et assimilent les principes sous-tendant l'élaboration de nos outils de rééducation, plus ils sont à même de les reproduire, d'en inventer de nouvelles versions, adaptées aux exigences scolaires qui évoluent au fur et à mesure de leur cursus.

Notre approche thérapeutique et pédagogique est avant tout fondée sur la conviction que les personnes dyslexiques doivent prendre du plaisir à lire des livres, des magazines, des articles spécialisés, de la poésie. Ils peuvent trouver ou retrouver le besoin naturel d'écrire qui correspond bien à leur nature. Nous enseignons également aux patients des pratiques artistiques et corporelles, afin de stimuler et de mettre en lumière leurs capacités créatives, leurs qualités d'élaboration dans l'espace, afin de canaliser leur attention, de la tension à l'attention, de dévoiler leur arythmie naturelle et de l'harmoniser.

Un patient dyslexique rééduqué est celui qui ne

fait plus de fautes d'orthographe lorsqu'il le décide, qui écrit et rédige correctement, qui lit et comprend ce qu'il lit. C'est une personne qui développe ses possibilités d'expression écrite en travaillant sa dysorthographie, en stylisant ses productions, dévoilant ainsi une vision linguistique pouvant s'apparenter à un mouvement artistique créatif et codifié. Elle est capable de choisir d'écrire dans sa langue orthographique propre, avec ses erreurs significatives, ou bien dans la langue reconnue par tous, comme si elle passait d'un vocabulaire à l'autre, d'une forme de pensée à une autre, d'un débit à un autre, d'un discours poétique et métaphorique à une pensée plus concrète, structurée de façon adaptée au monde qui l'entoure.

Un patient dyslexique initié à des activités artistiques et corporelles respectant la personne comme les lois physiologiques naturelles inhérentes à l'art et au contexte dans lequel il se pratique va prendre confiance en lui, devenir posé, retrouver le sourire, l'envie de bouger, de s'exprimer, d'explorer. Ce dyslexique enfin épanoui fera profiter les autres de son expérience, devenant tour à tour pédagogue, ambassadeur de son trouble, montrant qu'il peut en tirer parti.

La rééducation orthophonique dite « traditionnelle » ne nous paraît pas suffisante pour permettre à ces patients d'être rééduqués et épanouis. La rééducation thérapeutique pluridisciplinaire associée à l'art nécessite une rigueur, un travail quotidien, une humilité et un émerveillement, qui nous paraissent indispensables ; en harmonisant le corps, l'expression orale et écrite, la capacité de créer, on permet à une personne bien souvent atomisée par des échecs, par une humiliation et une incompréhension insupportable à ses yeux et à ceux de sa famille de retrouver son unité et sa dignité.

Un dyslexique rééduqué, c'est une personne qui sait développer ses capacités en tant que dyslexique, afin d'accéder au code écrit commun à tous, avec au fond de lui la conviction que sa différence constitue un véritable atout, tant dans sa vie scolaire ou professionnelle que dans sa vie personnelle.

Certains insistent aujourd'hui sur la nécessité de favoriser les épreuves orales lors des examens et des contrôles scolaires, afin de ne pas pénaliser les dyslexiques. Cette formule présente un intérêt certain si elle aide les dyslexiques à un moment donné, mais il serait dommage de laisser les dyslexiques dans l'incapacité de lire et d'écrire correctement parce que l'on ne se donne pas toujours les moyens de les rééduquer ; priver un être humain du plaisir que procure l'infinie richesse des livres serait terrible ; priver une personne de l'envie d'écrire, de se raconter, de se construire par l'intermédiaire de la langue écrite, bien plus riche que la langue orale, serait une démission ou un véritable échec de la part des parents, des soignants, des thérapeutes et des enseignants, de la société en général. C'est pourquoi nous considérons comme positives les mesures d'aide aux dyslexiques à l'école comme l'oralité, les notations adaptées ou la valorisation des matières dans lesquelles ils excellent, mais de façon momentanée pour leur laisser le temps d'acquérir les clés de la langue écrite et le désir de s'en servir.

Nous sommes de fervents partisans de l'introduction de programmes artistiques et corporels au sein des écoles, à condition que leurs contenus soient rigoureux et cohérents, adaptables à toutes les formes de pensée et de talent, que les intervenants proposent des programmes riches et consistants, susceptibles de développer des qualités artistiques chez les enfants et permettant à l'enseignant d'en reprendre certains aspects durant ses cours. La qualité des spectacles pour enfants est très décevante : ils font appel à un imaginaire réduit et utilisent un langage (notamment pour les petits) infantilisant et pauvre. Il existe pourtant des troupes, pluridisciplinaires dans leur pratique, qui proposent des prestations culturelles élaborées et introduisent dans les écoles de véritables pistes de travail et d'ouverture.

Alors que de nombreux pays ont cessé aujourd'hui la « dyslexophobie », la France, bien qu'elle soit l'un des rares à financer — par la Sécurité sociale — de bien longues prises en charge (le terme est évocateur), continue à pratiquer l'intolérance vis-à-vis des dyslexiques. Pourtant, que d'économie de souffrance et d'argent, les pouvoirs publics pourraient réaliser, s'ils prenaient ce grave problème à la base en mettant en place pour les enseignants de l'école élémentaire une formation spécifique d'une vingtaine d'heures leur permettant de mieux comprendre les difficultés de ces enfants, de les déceler le plus tôt possible et d'en informer les parents.

Ces cours pourraient être dispensés dans les instituts universitaires et les IUFM (instituts universitaires de formation des maîtres) ; dès le début de leur pratique, les enseignants sauraient reconnaître les symptômes de dyslexie et de dysorthographie, ce qui leur permettrait d'orienter les élèves concernés vers des orthophonistes. Ils pourraient acquérir les formations nécessaires à l'intégration des dyslexiques au sein de leur classe et adopter à l'égard de ces enfants une attitude et un comportement adéquats favorisant leur épanouissement en dépit des difficultés du moment — cela éviterait aux enfants, aux enseignants et aux parents bien des désagréments pour ne pas dire de la souffrance.

Voici le témoignage de L., pour qui l'écriture constituait une véritable énigme, qu'elle devrait élucider un jour ou l'autre. Elle y est parvenue grâce à une ténacité et un talent tout à fait remarquables ; ses mots et ses textes séduisent les dyslexiques et leur redonnent confiance ; en fin de rééducation, elle a réussi à improviser des textes et des poèmes en public, avec beaucoup d'aisance et d'humour. Pourtant, en raison de son orthographe défectueuse, elle s'est vu refuser des postes auxquels elle pouvait prétendre dans des domaines comme l'édition, la communication, les arts plastiques ; postes qui l'intéressaient et pour lesquels elle avait suivi de nombreuses formations.

Le scénario était toujours le même : l'entretien d'embauche se déroulait très bien, tout espoir lui semblait permis jusqu'au moment où on lui demandait d'écrire et, là, tout s'écroulait. Comme bien d'autres dyslexiques, en désespoir de cause, elle s'est exilée en Italie où la langue est plus facile d'accès à l'écrit comme à l'oral.

« Écrire c'est chaque fois la même chose : je me promène dans mes pensées comme sur une plage vaste, à perte de vue. Cet espace m'évoque tant de choses, je vagabonde, et si quelqu'un vient marcher à côté de moi, quel plaisir de partager avec lui les mots que j'aime, les images qui surgissent de cette vue — vie éblouissante, où existe aussi le bruit de la mer. Il se peut qu'au détour d'une phrase cette personne me demande d'écrire. Soudainement, brutalement tout disparaît. Je me penche pour attraper un mot que je vois à moitié enfoui sous le sable, sous les petites vagues régulières du bord de l'eau. Je tends la main pour m'en saisir, l'eau se trouble, je ne vois plus rien, je sens une tension si forte. Je me concentre à l'extrême, je le fixe…

« Il n'y a plus personne, ni plus rien. Je m'acharne car j'aperçois encore le mot qui m'échappe. Pourtant, chaque tentative ne fait qu'aggraver les choses. Je me redresse avec dans ma main un peu de sable humide qui dégouline… je suis épuisée… ce que j'ai attrapé n'a pas de forme. J'ai perdu, je ne peux rien en faire, il ne peut déjà plus me servir à raconter une histoire. Pour attraper le mot, pour l'écrire, j'ai complètement perdu les idées qui m'avaient donné envie de m'y mettre. Je repars d'un bon pas en espérant que nul ne connaît mon amertume.

« Les amis, ce n'est pas encore cette fois-ci que je vous enverrai une carte postale ! »

4

Quelques exercices de la méthode Sensonaime

Parcourons à présent quelques-uns des exercices orthophoniques de cette approche thérapeutique qui ont été éprouvés par une expérimentation rigoureuse et une analyse systématique des résultats.

Nous sommes attentifs aux observations de nos patients dont les suggestions et les remarques se sont révélées pertinentes et précieuses ; la collaboration étroite avec eux présente un atout et une richesse qui nous ont permis de mettre au point des outils correspondant à leurs besoins.

Le but de notre travail est de permettre au dyslexique d'acquérir et de consolider les circuits qui vont lui donner les clés du code écrit et le rendre performant à l'école ou dans sa vie professionnelle sans qu'il ait à fournir des efforts importants. Il s'agit de l'apprentissage des sons, du point de vue linguistique et sonore initial, dans le respect d'une logique de synthèse associant les caractéristiques audiophonatoires, les paramètres linguistiques, l'intention sémantique et l'impact affectif, tout en tenant compte du caractère spontané et créatif que doit conserver toute forme de communication.

Afin de répondre de manière adaptée aux

besoins de nos patients, nous stimulons leurs fonctions d'élaboration, de découpage et de mémorisation, dans une atmosphère à la fois ludique et rigoureuse, dans un capharnaüm étudié, qui répond à des règles d'« attentivité » adaptées à ces sujets.

Tout d'abord, il nous paraît essentiel d'augmenter les capacités du cortex postrolandique[1] par la stimulation de façon isolée et/ou simultanée des voies sensorielles.

Seront concernées en premier lieu les aires sensorielles primaires, ainsi que les sensations élémentaires, tactiles, gustatives, olfactives, auditives et visuelles par les couleurs.

Retrouver la nécessaire corrélation des sens par un apprentissage conscient analytique d'une part, global d'autre part, constitue la voie royale qui va conduire l'enfant, par son observation et ses capacités d'analyse et d'adaptation, à devenir extrêmement attentif, à accéder à sa propre préhension non pas des règles de l'orthographe, mais de la façon dont lui, et lui seul, saura les appliquer.

La mise en route d'une activité intensive des aires associatives saura guider les synthèses perceptives et motrices ainsi que la reconnaissance et l'identification des sons, de façon définitive, de telle manière que l'alchimie encore bien mystérieuse de l'apprentissage de la lecture et de l'écriture aura lieu — ceci grâce aux règles et aux principes que nous maîtrisons mieux de l'apprentissage artistique.

Notre travail s'adresse également au cortex prérolandique[2], puisque le sujet va devoir associer la programmation du geste, et ce dans tous les plans de l'espace, mais aussi selon une logique

1. Postrolandique : zone corticale motrice située en arrière de la scissure de Rolando.

2. Prérolandique : zone corticale sensitive située en avant de la scissure de Rolando.

temporelle signifiante. La coordination des gestes complexes est primordiale si l'on veut :

— ancrer les acquis dans le corps,

— trouver l'équilibre entre le geste initié et sa mémorisation physique, sonore et visuelle,

— créer les liens, une intelligence globale au service d'un but à atteindre dans un moment donné, une adaptation constante.

Les exercices que nous proposons associent de façon systématique :

— les composantes corporelles liées au mouvement, au tonus musculaire, à la prise de conscience par l'expérimentation et l'analyse des différentes fonctions physiologiques, la découverte des muscles, des os, la capacité à se détendre de façon dynamique et active, ou passive, selon les besoins,

— des éléments linguistiques précis,

— une progression neurologique,

— un objectif orthophonique à court et long terme.

Voici quelques exemples choisis parmi les quelque 300 exercices répertoriés de la méthode Sensonaime, afin de donner un aperçu de cette démarche interdisciplinaire, à la fois linguistique, neurologique, psychomotricienne et artistique.

Ces exercices ne doivent en aucun cas être appliqués de façon sauvage car, malgré leur simplicité apparente, ils nécessitent une formation pour être convenablement mis en œuvre, c'est-à-dire pour prendre en compte le patient et ses particularités, infiniment complexes.

1. Le « perturbateur »

Une personne lit un texte significatif ou non, à voix haute, assis, allongé ou debout, très ancré dans sa verticale, en ayant conscience de ses appuis au sol. Une ou plusieurs autres personnes lui posent des questions personnelles ou liées au texte lu, qui donnent envie de répondre de façon presque réflexe : « Où as-tu acheté tes chaussures ? Tu as une nouvelle montre ? Où habites-tu ? Tu t'es coiffé ce matin ?... »

L'exercice « le perturbateur » agit par la lecture à haute voix. Il induit un entraînement intensif des capacités permettant de traiter globalement le mot et la phrase, d'une part en les visualisant et en les entendant, d'autre part, dans le même temps, en percevant oralement d'autres mots et phrases étrangers à ce qui est lu. Il s'agit là d'une double tâche mentale qui augmente les stimulations mais tire toute sa valeur de l'atmosphère ludique de l'intercommunication.

Grâce à l'ancrage nécessaire à son exécution, cet exercice va permettre d'améliorer à la fois le rythme de la lecture et la reconnaissance des graphèmes[1] ; le lecteur saura très vite anticiper les mots, les phrases et la ponctuation, trouver de nouveaux repères visuels, rythmiques, mélodiques et spatiaux ; de plus, la stimulation créée par les interférences de ses partenaires va l'amener par l'humour et un stress positif à réussir l'exploit de lire beaucoup plus vite.

Nous invitons ensuite le dyslexique à reproduire cette prouesse à l'école, à surmonter le stress négatif inhérent à la lecture à voix haute en classe, à se sentir à l'aise dans son rythme, à utiliser les

1. Graphème : unité distinctive de l'écriture (analogue au phonème).

interférences extérieures pour ajuster sa voix, développer ses talents d'orateur, prendre du plaisir à lire et comprendre le texte lu.

2. Les « ombres »

Une personne lit un texte significatif ou non à voix haute, assis, allongé ou debout, très ancré dans sa verticale, en ayant conscience de ses appuis au sol. Une autre personne va répéter le texte au fur et à mesure, comme si elle était l'ombre du lecteur, en anticipant presque le texte entendu (elle ne voit pas ce texte).

Pour la plupart des gens, il est bien plus difficile de répéter le texte que de le lire car cela fait appel à des fonctions complexes de visualisation des lettres, des mots et des phrases, nécessite un contrôle de l'anticipation auditive et visuelle nécessaire à une lecture sereine. Pour les orthophonistes, cet exercice demande une analyse et une vigilance permanentes permettant de trouver l'effet de *delay* (c'est-à-dire d'écho selon la durée) adapté à chaque lecteur et surtout à chaque instant de sa lecture ; il faut agir sur la lecture du patient en provoquant la difficulté ou bien la facilité : c'est la qualité du *delay* qui lui permettra très vite d'obtenir une lecture fluide et l'autonomie nécessaire dans sa vie de tous les jours.

3. Les « omissions »

Il s'agit de lire un mot, une phrase ou un texte significatif ou non à voix haute, en enlevant une voyelle, toujours la même ; les autres participants doivent deviner quelle est la voyelle manquante et redonner le mot, la phrase ou le texte, tel qu'il était écrit initialement ; puis on recommence avec d'autres voyelles ; il s'agit ensuite de lire les mots ou les phrases en enlevant des consonnes.

Par exemple, la personne lit ou dit : « n... irons t... les j...rs n...s baigner », le groupe vocalique manquant est « ou » ; nous pouvons proposer également de s'entraîner avec les hauteurs de sons à dire des mots ou des phrases ou à les lire en enlevant les consonnes ou les voyelles, comme si nous parlions une langue étrangère, comme ceci :

« C...m... v...t... ? » pour « Comment vas-tu ? » ou encore : « ...ous ê... ...ien ...oi...ées au...ou...'hui » pour : « Vous êtes bien coiffées aujourd'hui. »

4. L'« alphabet en corps et en lettres »

Les problèmes de confusion et d'attention chez le dyslexique sont souvent dus à un ancrage précaire des acquisitions et à une perception « déformée », interprétée, des lettres et des sons, dans l'instant présent.

Il est proposé à l'enfant ou à l'adulte de représenter une lettre avec son corps, en lui donnant soit le nom de la lettre, soit le son qui lui est attaché ; il ne lui est pas fourni de modèle, afin qu'il trouve sa propre représentation de la lettre dans l'espace. À mesure qu'il répétera cet exercice, il aura ainsi la possibilité de s'améliorer et de se corriger tout seul, en prenant ou non conscience de ses erreurs.

À partir de cette base, il est ensuite proposé plusieurs options de travail formant en tout 80 possibilités de prolongement et d'application de cet exercice.

En voici quelques exemples : écrire une lettre, un mot et/ou une phrase significative ou non, seul et/ou à plusieurs, en tenant compte à la fois des autres dans l'espace, mais aussi du lecteur (sens de la lecture et représentation de la forme de la lettre dans l'espace) et du plan (représentation de la lettre sur le sol, assis ou debout), sans oublier le caractère des lettres (attaché, script, majuscule).

Il est possible, dans le même registre, de proposer une double interprétation engendrant une double lecture ; par exemple, l'enfant peut donner à lire une lettre avec son corps tout en produisant le son d'une autre lettre ; le lecteur, de même que chacun des interprètes, devra identifier l'ensemble des lettres produites simultanément avec les mouvements du corps et les sons proférés. Il est également possible de travailler avec un miroir.

Ces exercices constituent une thérapie par l'erreur. Elle permet au patient d'identifier les phonèmes et les graphèmes dans leur nécessaire et fructueuse correspondance, à son rythme et en fonction des urgences qu'il ressent dans les domaines du déchiffrage, des confusions, de l'élaboration visuelle et auditive, de la représentation dans l'espace, de sa position dans le temps, de sa conscience dans le déroulement permanent et chaotique des lettres ; la logique qui lui est proposée lui est étrangère au départ, mais il va apprendre à s'en éloigner en trouvant ses propres repères, ses propres règles, de telle manière qu'il saura écrire et lire en éprouvant du plaisir à le faire.

Constituer des lettres avec son corps est un jeu pratiqué depuis très longtemps et ce dans toutes les cultures ; notre démarche, tournée vers la reconnaissance des phonies et des graphies, va utiliser cet outil selon des principes précis :

— permettre à l'enfant de représenter les lettres à sa façon,

— lui donner une autonomie via la non-correction de ses erreurs et, par conséquent, la confiance qui lui est accordée,

— le guider vers les représentations spatiales complexes qui utilisent différents plans et le face-à-face avec le(s) lecteur(s),

— lui faire prendre conscience qu'un graphème est un volume et un mouvement,

— inclure la successivité de plusieurs graphèmes dans le temps et dans l'espace qui leur sont propres ; par exemple, l'enfant écrit un mot ou un logatome (un mot qui ne veut rien dire) sans changer de place : il faudra le conduire à intégrer la successivité des lettres dans cet espace par d'autres moyens, que ce soient l'écoute, le travail du rythme, l'interprétation dans l'exécution de rythmes et de mélodies, via les chansons que nous avons écrites pour eux par exemple...,

— introduire le mouvement en liant de façon économique les graphèmes, les gestes, les représentations des volumes et des formes,

— créer son propre style de graphisme,

— reconnaître toutes les formes de graphèmes, associer les sons qui leur correspondent avec succès, y compris lorsque leurs représentations sont erronées ou symboliques.

5. Le « messager »

Une personne dessine en majuscules une lettre sur le dos de celle qui se trouve devant elle ; celle-ci la reproduit sur le dos de celle qui la précède, jusqu'à ce que le message arrive à celui ou celle qui se trouve en tête de file et va donner le nom de la lettre en question ; ce jeu comprend au minimum deux joueurs, mais peut inclure jusqu'à vingt participants répartis en deux ou trois files. On peut augmenter la difficulté après que toutes les lettres ont été identifiées sans erreur au moins trois fois, en traçant une syllabe et enfin un mot — selon les besoins de nos patients, nous traçons parfois les lettres sur le sternum, les cuisses ou d'autres parties du corps.

L'absence de feed-back visuel ainsi que d'interprétation corporelle à travers, entre autres, les capteurs sensoriels, amènent le patient à une lecture brute, non compensée, à la reproduction fidèle d'une image telle qu'elle se met en place dans son cerveau ; il est étonnant de noter la richesse des représentations cérébrales des lettres par nos patients ; cela nous a amenés à redéfinir la classification des confusions par exemple, à en découvrir de nouvelles formes et interprétations. Les confusions de sons telles qu'on les décrit habituellement sont d'origine auditive (par exemple *f / v, s / z, ch / j...*), visuelles (*ou / on*), spatiales (*p / d / b / q*) ou temporelles (*m / n*) ; mais il existe à l'intérieur de cette classification des variations complexes, d'ordre sensoriel (*f / h, l / v*), rythmique (*p / t*), mélodique (toutes les voyelles et les groupes vocaliques) ; de plus, certaines confusions peuvent disparaître si elles se conjuguent dans une interaction créative : si on demande au dyslexique d'écrire une poésie en lui faisant écouter un texte, une musique ou des bruits, de telle façon qu'il en repère les caractéristiques spatiales (les registres par exemple) et temporelles (les rythmes), il ne fera pas de confusions d'ordre spatial et temporel.

Nos recherches et notre pratique nous confirment la richesse des perceptions des dyslexiques et leurs capacités d'adaptation à ces « matches » correspondant tout de même à des besoins orthographiques.

Une formation pour les parents est nécessaire afin qu'ils puissent jouer avec leurs enfants et leurs amis à la maison.

6. La « médiation phonologique » à tiroirs et le théâtre lexical

Une personne énonce une phrase qu'elle découpe de façon inattendue et les autres doivent découvrir quelle est cette phrase :

Voici un exemple : « t uv asb ien ? »... « tu vas bien ? » ; chaque phonème doit être prononcé tel qu'il est dans le mot et non tel qu'il devient dans la nouvelle interprétation.

Un de nos patients fort inspiré trouva la phrase suivante :

« i ln ias onn (pour faire la liaison) innoc ence »... « il nia son innocence ».

Cet exercice demande une visualisation parfaite, une conscience phonologique performante, un découpage visuel et une reconnaissance auditive correctes ; pour être capable de reconnaître la phrase, il faut déjà un bon entraînement, mais la difficulté consiste surtout dans l'élaboration de la phrase, dans la possibilité de discriminer plusieurs grilles de lecture et de les analyser simultanément.

Lorsque les patients commencent à être familiers du fait, nous leur proposons de créer des textes, de les transformer, d'apporter écriture rythmique et mélodique, de les interpréter devant les autres, ce qui demande un travail personnel, de la répétition et du temps afin de laisser mûrir leurs choix.

Nous ne pouvons vous donner à entendre et à voir le résultat souvent fort drôle et original de ces productions et vous laissons par conséquent les imaginer à partir, par exemple, du texte de J. que voici :

Le jeune auteur de ce dessin juxtapose deux images pour illustrer la rupture entre la vie d'un enfant rendu malheureux par sa dyslexie, et la vie du même enfant rééduqué, désormais épanoui et heureux de vivre. D'un côté, la ville, oppressante, le ciel noir, menaçant, un espace chaotique ; de l'autre, la nature, la paix, un climat serein et gai, dans lequel il fait bon vivre. Nous remarquons qu'il choisit de faire une faute dans le titre du dessin représentant la « movese vie » et qu'il n'en fait pas dans l'autre.

C., 16 ans, nous invite à envisager ce déroulement d'images à l'allure de B.D. sous plusieurs angles : on peut suivre l'histoire selon le schéma classique, mais on peut aussi la lire du centre vers l'extérieur, de droite à gauche comme de gauche à droite et de bas en haut comme de haut en bas. Nous ne sommes pas tellement étonnés d'apprendre que cette jeune fille se dirige vers les métiers de la photographie ou de l'audiovisuel…

Une vision du monde à 360 degrés

A., 15 ans, a réalisé ce dessin sur deux feuilles assemblées par du scotch dans la configuration ci-dessus. Il écoutait de la musique traditionnelle pygmée et imaginait le lieu dans lequel vivait la tribu. Lorsqu'il a terminé son dessin, nous nous sommes aperçus que si l'on mettait bout à bout les pages de façon à obtenir un cylindre, les deux extrémités correspondaient parfaitement (voir configuration ci-dessous). Voilà une illustration caractéristique de cette façon originale et incongrue de se représenter l'espace chez les dyslexiques. Elle explique notamment pourquoi leurs chambres ou leurs bureaux sont ordonnés selon une logique qui nous échappe.

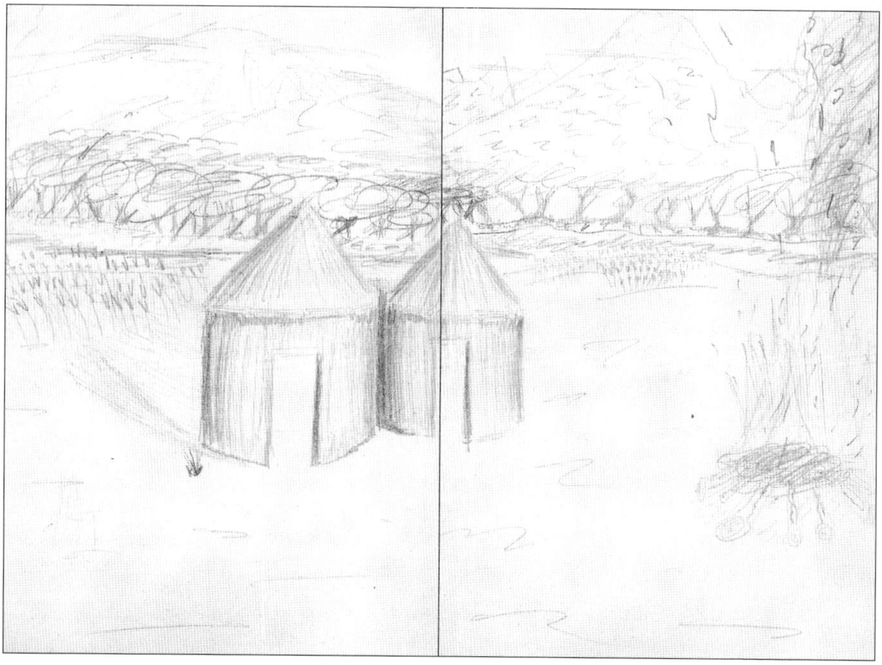

Nous constatons ici le même phénomène que celui observé ci-contre, naturel chez les enfants dyslexiques, et ce dès leur plus jeune âge. La réalisation de ce dessin a permis à son jeune auteur de mieux se situer dans l'espace.

Un orchestre.
Voici une nouvelle illustration de cette vision panoramique propre aux dyslexiques : la dynamique de ce dessin (réalisé au cours d'un petit concert de free-jazz) tend à faire se rejoindre les deux extrémités de la feuille. L'enfant a imaginé un dialogue entre les instruments. Il parlait en dessinant, inventant des dialogues rigolos entre le piano et les cuivres, la contrebasse et la batterie… Le rythme occupe une place prépondérante dans ce dessin dont les mouvements reproduisent le tempo de la musique.

S. est un artiste en herbe qui semble suivre la trace de Mondrian ou de Braque ! Dans son dessin, il organise les couleurs selon un ordre très particulier. Ses parents nous disent qu'il présente des aptitudes en calcul, en maths et en géométrie. Il progresse aussi dans sa capacité à trier les informations, à associer le son à la lettre, à écouter.

Nous constatons dans ce dessin l'apparition timide de la couleur. En Occident, le jaune (tonalité associée aux fréquences de la langue parlée) est considéré comme la couleur de la communication. B. a réalisé ce dessin à un moment où, d'après sa mère, elle commençait à s'exprimer davantage à la maison et devenait « une véritable pipelette » à l'école – alors qu'auparavant, elle ne prenait la parole qu'à des fins utilitaires. Observons la finesse du trait, des courbes, et la perspective naissante.

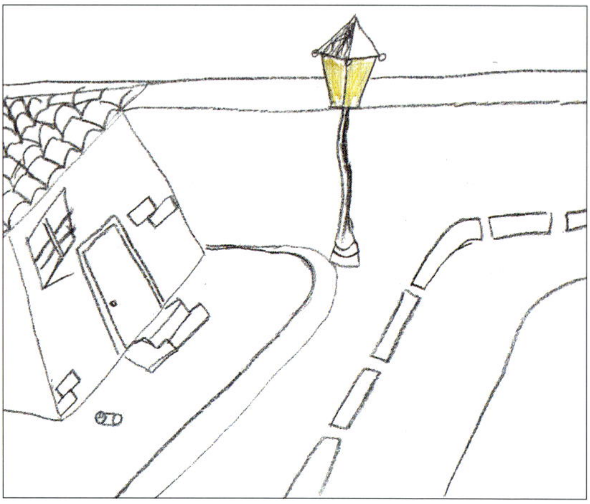

R., 10 ans, aime se jouer de son maître qui, selon lui, ne fait pas beaucoup d'efforts pour l'accepter comme il est, ni pour valoriser ses capacités. Il lui répond « bouse » au lieu de « douze », persuadé de ne pas être puni puisque tout le monde sait, même ce « méchant maître », que les dyslexiques confondent le « b » et le « d » ; puis il omet le « n », puisque le dyslexique oublie des lettres, et enfin il répond comme s'il était tout à fait idiot, ce qui achève de déprimer l'enseignant et apporte à l'élève une certaine satisfaction. Il existe un humour propre aux dyslexiques qui les rend très attachants, et parfois aussi insupportables !

« Ils battent la terre, remuent la poussière pour atteindre le sol humide, compact au milieu des femmes qui se plaignent
Baba, la bouche en réceptacle de la pluie souhaitée rafraîchir
qui sait qu'elle se remplira
offrir qui l'or qui l'argent, pour les blés pas de pitié du soleil, sur les arpents que l'homme de la famille de sa terre pour ses enfants, un autre printemps, qui sait encore ce que la terre rapportera.
Marre elle en a marre
sur elle, lacérée dans nos cœurs, il y a lointain
d'autres gens qui viennent pour nous séduire
et puis la ville, la rue, retrouver une personne connue dans la cohue
cousinage en voie de disparition, pas de retour possible, retourner où,
vers les origines patrimoniales, propriété privée, héritage, la visite du notaire
alors on fait quoi, que comptez-vous faire, l'immeuble, le porche enchevêtrés,
un chat dans un évier qui s'embête,
l'œil de bœuf,
sous le ciel éperdument. »

Voici ce texte recomposé par J. en théâtre lexical (nous ne pouvons rendre compte ici de la mélodie et du rythme utilisé, qui sont très travaillés et rendent le résultat fort théâtral) :

« Plaignent ce qui femme des cris au compact humide
terrelabatentil ?
Babal bouchen récept' acle
en sur d'eau et dans retour la pluie bleulacée dans gens cohue la ci' ble
l'argent, quilorqui pitiédepas

potripoprovée rita' j visiten' ter
faire vous compte que (*répéter en accélérant*)
me ble
cha-ca-na-ri-ta-tour-zi-revient-que-rapor-se-pan-blé-ré-plein-con ? mu !!!
i-i-i-i-i
li-i-i-i-i-a louain ain tain
d'au au autres gens
que vi ne per sous ne du iré
ep huil avec ilur et rouv
(*accent anglais*) run run of spare
dans lac' ohue dans lac' ohue
zinaianv zinaianv. »

7. La « superposition »

Une personne prononce les voyelles ou les groupes vocaliques d'un mot ou d'une phrase significatifs pendant qu'une autre personne prononce les consonnes ou les groupes consonantiques ; ce travail se fait en deux étapes et les rôles sont alternés : les deux personnes prononcent leurs segments simultanément, sur un tempo donné ; les deux personnes prononcent le mot successivement, sans battre de tempo.

Voici deux exemples :

B J R (1re étape), T L T
ON OU U I I E (2e étape)

Ce travail permet de corréler l'analyse des graphèmes et des phonèmes, tant séparément que dans leur nécessaire interdépendance, en réhabilitant le rôle essentiel du tempo et de la pulsation (battement isochrone du temps) ; cet exercice améliore de façon tangible le rythme de la lecture et la mémorisation des mots d'usage, cependant il doit être dirigé par une orthophoniste qui maîtrise l'exécution des paramètres psychoacoustiques de la musique.

8. L'« épellation dans l'espace »

Plusieurs personnes évoluent en marchant dans l'espace, elles ne doivent jamais se percuter (une préparation corporelle est nécessaire) ; elles peuvent changer sans cesse de rythme, de direction, de sens ; au bout d'un moment, après un ordre établi au départ, les individus vont épeler un mot, puis une phrase chacun à son tour ; les autres doivent deviner tous ensemble le mot ou la phrase.

Ce travail induit une complémentarité entre l'inscription visuelle et auditive des mots ou des phrases épelés, à la fois dans un temps donné, dans l'espace de la salle et dans les déplacements à l'intérieur de cet espace.

9. Les « 5 parfums »

Nous proposons 5 thèmes : le son, le sens, l'espace, le temps et les émotions ; les dyslexiques réalisent un dessin symbolisant ces thèmes, puis écrivent 5 à 10 phrases non significatives ; chacun lit les phrases écrites les unes après les autres en y mettant une intention particulière, choisit un thème, le garde secret et incite les autres, par son interprétation, à le découvrir ; plus on se rapproche du tour des derniers protagonistes, plus on se rend compte de l'homogénéité des réponses.

Cet exercice favorise la créativité dans le domaine du graphisme, la symbolisation, l'intention d'écoute et la concentration dans l'interprétation, l'analyse et la compréhension des éléments prosodiques, mélodiques, rythmiques, sonores ainsi que l'encodage par la découverte des grilles communes d'interprétation.

10. Le découpage des sons selon les groupes consonantiques et vocaliques

La personne commence par découper les sons qui composent son prénom, en indiquant avec la main les consonnes et les groupes consonantiques en bas, les voyelles et les groupes vocaliques en haut. Exemple : Thibaud : [i] [aud].
[t] [b]

Il faut associer les gestes du bas avec les sons graves et les gestes du haut avec les sons aigus, après avoir laissé les patients proposer différentes gestuelles qui doivent suivre une logique inhérente à la différenciation des fréquences ; puis nous proposons des mots plus ou moins complexes, de petites phrases.

Cet exercice comprend de nombreux paliers de difficulté, en fonction d'une finesse d'exécution des registres et de l'articulation des phonèmes en fonction de leur logique intrinsèque et des principes linguistiques au sens large de leurs interactions.

Lors de ce travail, les dyslexiques prennent conscience de la simultanéité inhérente au geste et à l'énonciation, qu'ils retrouveront plus tard sous forme de corrélation entre le geste visuel, la respiration, la gestuelle expressive, l'articulation... Par ce type d'exercices, nous les aidons à se familiariser avec des rythmes très divers, dans des zones cérébrales différentes qui doivent coopérer malgré des décalages plus ou moins rapides dans le traitement des informations.

À l'écrit : nous proposons une phrase que le patient écrit dans sa globalité ; puis il écrit la même phrase sans les voyelles ou les groupes vocaliques ;

puis il l'écrit à nouveau sans les consonnes et les groupes consonantiques que l'on entend ; il doit ensuite prononcer la phrase selon ces trois modes.

Voici un exemple :

> Paris est la capitale de la pluie (1re version)
> P-R-L-C-P-T-L-D-L-PL
> A-IS(i)-EST(è)-A-A-I-A(e)-E-A-UIE

11. « Dictée de gestes »

Ce travail se pratique à deux. Un participant prend la main de son coéquipier, puis son doigt, afin de s'en servir sur un plan horizontal (le sol par exemple ou une table), sur un plan vertical (un mur par exemple), mais aussi en miroir, en symétrie, en sens inverse... Il guide la main de son partenaire afin qu'il reconnaisse une lettre, une syllabe, un mot, une phrase, un texte. Ce travail peut être réalisé à partir de plusieurs formes d'écriture, en « attaché », en « bâtons majuscules » ou en script. Le partenaire peut fermer les yeux, ou bien les ouvrir en détournant le regard, ou bien avoir les yeux bandés.

Cet exercice contribue à faire comprendre au dyslexique combien la sensation peut l'aider à déchiffrer et à mémoriser les lettres et les mots ; il pourra se servir d'une mémoire sensorielle, du rythme dans l'exécution du geste, de la trace dans l'espace et complétera à sa façon les mécanismes qui lui font habituellement défaut dans la reconnaissance des graphèmes. Il crée de nouveaux ancrages et favorise la mémoire du cycle, de la séquence, du senti, avant d'aboutir à la jonction entre le vécu et l'appris, entre l'approche expérimentale et la stratégie de réussite instantanée.

Une autre facette de ce travail consiste à écrire les yeux fermés, soit sous dictée, soit de façon spontanée. Nous aurons ainsi une représentation sentie de ce que l'enfant a réellement acquis et de sa façon de l'exprimer. Nous pouvons parallèlement proposer de former des mots, des lettres ou des chiffres avec de la pâte à modeler ou de l'argile pour amener le patient à une réalisation graphique complète, par une approche totalement intrinsèque à la naissance du mouvement et de la forme, une synthèse perceptive intérieure, un ancrage définitif du geste juste, du sens unique de l'interprétation.

12. Le « texte spontané »

Le sujet doit écrire un texte ou une poésie de manière parfaitement spontanée, en puisant dans le vocabulaire des sensations, des couleurs, des émotions, en découvrant des formulations qui lui sont propres, dans le plaisir d'écrire et de s'exprimer. Je précise dès le départ que les fautes d'orthographe n'ont aucune importance, qu'ils peuvent en faire à loisir, qu'ils peuvent même en faire exprès, à condition d'en être conscient et que cela serve leur propos poétique.

Voici le premier texte d'un garçon de 9 ans dysphasique, non-lecteur, qui n'écrivait jusqu'alors que son prénom :

« mon Estelle
Xavier + Amour =

Tu as des yeux comme un soleil
et mon petit sucre d'orge
Mon Estelle
Ma faveur sera
Je t'aime »

mon maistaile
X+A=♡

Tu à daio s'oeux comme un
soléie ~~da~~ ai mon petite suqure dorge

mon aistaile
ma favere sera

♡X♡+X+A=♡

je t'aime

Estelle est une petite fille qui faisait partie du groupe dans lequel il travaillait et il put ainsi lui déclarer sa flamme ; il s'exprimait pour la première fois à l'écrit, ce qui pour nous représentait un progrès formidable.

Une adolescente, E., 12 ans, se pose des questions sur le bien-fondé de l'orthographe :

« Imaginez quelqu'un qui vous demande d'écrire une histoire, pas une simple histoire, une histoire sans faute d'orthographe. À ce sujet, je me pose une question que je vous pose par la même occasion. Qu'est-ce que l'orthographe ?
« Est-ce une invention de l'homme ? Si oui, nous pourrions arriver à une théorie. L'homme, c'est nous, donc nous inventons l'orthographe, donc nous nous compliquons la vie avec des histoires de grammaire et de conjugaison ; il suffisait que chacun parte d'un même alphabet et vive son orthographe comme bon lui semble : simple comme théorie !
« Néanmoins, nous devons tous obéir aux mêmes règles, donc, ça ne peut pas marcher. Le problème demeure. Peut-être que l'orthographe est régie par un regroupement d'hommes et d'idées, dans ce cas, je vous conseille de me suivre dans un univers d'idées et de pensées simple et construit : c'est ainsi que mon histoire se termine. »

Fin

Quant à M., 12 ans, il nous propose une théorie très avancée de la verticalité :

« Marcher est un art : savoir mettre un pied devant l'autre de façon personnelle, faire ressortir le caractère de son individu. Souvent, les pas sont en désaccord avec la pensée. Le rythme devrait se calquer sur l'humeur et non sur les autres ; on imite les voisins parce que si on voulait marcher à notre aise, les réprimandes dégringoleraient en nous plaçant en situation d'hurluberlus à qui la folie l'aurait piqué sans prendre garde. Dans une société de progrès, la marche forcée facilite le stress, on essaie d'emprunter leurs marches aux animaux : "marcher à pas de loup", "marcher comme un bœuf". Moi je serai pour l'apprentissage des marches en fonction de chaque étape de la vie, sans se stéréotyper à celle des autres, il serait similaire à celui des arts. Puis, à chacun d'y devenir professionnel sans pour autant porter toute son attention sur ses pieds pour ne pas rencontrer un obstacle fâcheux. Avoir son propre style, c'est être en harmonie avec son être tout entier. »

Et enfin ce texte spontané, écrit sur son ordinateur par V., 32 ans, qui nous permet d'entrer dans l'univers des dyslexiques et de prendre conscience de leur vécu face à l'acte d'écrire :

« Enfanter chaque mot posé sur le papier...
« Enfanter n'est pas un mot choisi au hasard car il y a de l'enfance quelque part là-dedans pourriez-vous lire sans trouver que j'exagère que ce n'est pas moi qui fais des fautes : elles n'existent qu'au moment douloureux où vous les voyez. Elles ont pris corps et figurent sous vos yeux, dans votre regard se dessine la stupeur, dans le mien se mêlent honte et désolation. Avant votre lecture, je suis encore innocente, je n'ai pas fait de faute, c'est vous qui me rendez fautive.
« Depuis l'âge de 4 ans, j'ai peur, jusqu'à renoncer au plaisir d'écrire, jusqu'à choisir de ne plus jamais écrire. J'invente une maladie pour aller au bout de

mon lit, sous ma couette, toute ma vie chez les Yatmoul du moyen Sépick (sympathique tribu de coupeurs de têtes de Nouvelle-Zélande qui boivent du kava), tout cela pour un *s* en moins ou un *p* de trop. Et pourtant, je m'arrime à l'acte d'écrire, comme en plein naufrage, dans cette houle qui me roule et me floue à grands flots. »

13. La « bataille des tables »

Nous proposons de dessiner sur deux feuilles le tableau qui correspond aux tables de multiplication et de construire des bateaux que l'on déposera sur les feuilles afin de jouer à la bataille navale. L'un des participants énonce, de gauche à droite : « 2 fois 3 », le second répète : « 2 fois 3 » et donne une réponse très rapidement, sans se soucier si elle est juste ou non. Puis, il vérifie la réponse et l'énonce à voix haute s'il s'était trompé auparavant.

Ce jeu permet d'associer la mémoire visuelle à la mémoire auditive, dont on se sert le plus souvent pour apprendre les tables de multiplication, en y ajoutant un balancement du corps tout entier et une chansonnette qui favorisent la mémorisation.

Nous avons souvent constaté chez les dyslexiques une difficulté majeure à apprendre les tables, c'est pourquoi nous avons inventé ce jeu, qui révèle des comportements très étonnants de leur part.

Force est de constater qu'un dyslexique sur deux qui apprend les tables de multiplication grâce à ce procédé visualise parfaitement la grille des chiffres tout entière et nous relate qu'en classe il visualise le tableau afin d'y lire le résultat.

	1	**2**	**3**	**4**	**5**	**6**	**7**	**8**	**9**
1	1	2	3	4	5	6	7	8	9
2	2	4	6	8	10	12	14	16	18
3	3	6	9	12	15	18	21	24	27
4	4	8	12	16	20	24	28	32	36
5	5	10	15	20	25	30	35	40	45
6	6	12	18	24	30	36	42	48	54
7	7	14	21	28	35	42	49	56	63
8	8	16	24	32	40	48	56	64	72
9	9	18	27	36	45	54	63	72	81

14. L'« épellation phonique et rythmique »

Un participant guide deux élèves ou deux groupes d'élèves en battant avec sa main gauche sur sa cuisse gauche les consonnes d'un mot, significatif ou non significatif, et avec la main droite sur sa cuisse droite les voyelles de ce même mot. Puis il tape les sons consonantiques et vocaliques et non plus le nom des lettres. Lorsque tout le monde se repère et prononce correctement les mots proposés, on passe à l'épellation d'une phrase, en n'omettant pas de taper avec les deux mains sur les deux cuisses afin de marquer les espaces entre les mots ; espaces qui ne correspondent évidemment pas — ou rarement — aux espaces sonores que l'on ménage habituellement entre les mots. Par exemple, si l'on écrit : « Comment allez-vous ? », on note deux espaces entre « comment » et « allez », entre « allez » et « vous », alors que si on le dit à voix haute, nous prononcerons ces trois mots d'une seule traite ; faites-en vous-même l'expérience.

Ce décalage permanent entre les formes écrites et orales des sons, des mots et des phrases perturbe ostensiblement le dyslexique, c'est comme s'il devait trouver un équilibre qui jamais ne répond aux mêmes lois.

Une variante de cet exercice consiste à faire participer deux personnes face à un auditoire, debout, ensemble, dans le départ d'une même inspiration et dans un rythme donné, sur un tempo précis qui doit être maintenu ; dans un premier temps, seules les consonnes, représentées par l'un des participants, sont prononcées, puis c'est le tour des voyelles, représentées par l'autre participant. La prononciation doit être aisée, chantante, utiliser des registres et des intonations sans cesse renouvelées, le rythme reste régulier mais semble avancer, en légèreté et non en tension martelée. Puis les deux personnes épellent des mots, significatifs ou non, que nous leur fournissons, jusqu'à obtenir des phrases — un silence rythmique marquera alors les espaces entre les mots. L'auditoire suivra son leader, essayant de constituer un véritable chœur, harmonieux, équilibré, complémentaire. Puis nous enlevons le tempo et laissons les chefs d'orchestre choisir eux-mêmes le rythme que leur inspirent le mot, la phrase, les voix des participants, leur humeur, etc.

La dissociation et la fluidité qu'imposent ces exercices permettent de poser les jalons d'une écriture graphique, mélodique et rythmique, à la fois visuelle et auditive. Les patients arrivent à sentir la complémentarité qu'exige la mémorisation du langage écrit, ils apprennent à anticiper sans perdre le fil de l'écriture, ils ne mélangent plus toutes les données mais les concrétisent en les superposant, en les recadrant dans une dimension spatiale bien à eux, au-delà du sens gauche-droite, haut-bas, ils intègrent ainsi la possibilité de se situer sur les axes paradigmatique et syntagmatique du langage.

15. Les « trompe-l'œil »

Deux personnes se mettent debout face à face, chacune d'entre elles dessine sur le sternum de l'autre un mot dans son sens d'écriture à elle, sans s'adapter au sens de lecture de son partenaire. Au même moment, deux autres personnes leur dessinent également un mot dans le dos ; les deux personnes doivent deviner à la fois les mots qu'on leur a dessinés dans le dos et sur le sternum.

Cet exercice fort complexe nous démontre combien les apprentissages autour du geste permettent d'obtenir des résultats fulgurants. Nous ne nous étendrons pas sur les fonctions mobilisées pour cet exercice car elles sont nombreuses, mais précisons que nous le pratiquons plutôt en fin de rééducation.

16. Le « kata log »

Cet exercice se compose d'un enchaînement de mouvements associés spontanément à des sons ; retrouver dans l'instant le lien entre le geste et le son renforce les mécanismes d'association et de dissociation prévalant au bon fonctionnement des capacités linguistiques, orales et écrites. Nous observons combien les enfants associent systématiquement gestes et sons, dans le jeu, terreau privilégié de nombreux apprentissages et du développement de la mémoire. Chacun doit trouver, en 1 à 3 minutes, un enchaînement qui va varier d'un moment à l'autre et d'un jour à l'autre.

17. La « phonie partie »

Nous proposons au patient d'écrire un texte poétique et riche en couleurs, en sensations, en émotions. Puis il écrit une partition rythmique en ne gardant que les groupes consonantiques qui s'entendent, ainsi qu'une partition mélodique à partir des groupes vacoliques qui s'entendent également. Enfin il enregistre ces deux partitions ainsi que le poème sur une cassette.

Ce travail ne peut se faire qu'en fin de rééducation, car il réunit tous les ingrédients linguistiques, sonores, visuels, spatiaux, temporels, rythmiques, mélodiques entrant en jeu dans l'acte d'écrire et de lire.

Exemple :

« Un lion assis sur le sable frais se prélasse sans embarras du vent qui fait frémir ses favoris, quel fat[1] ! »

Nous aurons au niveau des consonnes ou définies comme telles :

l ss s r l s bl fr s pr l ss s s b rr d v qu f fr m r s f v
(s) (z)
r qu l f

Quant aux voyelles ou définies comme telles :

un ion a is u e a e ais e é a e ans em a as u
(i) (è) (an) (a)
ent i ait é i es a o is e at
(è) (é) (i) (è) (a)

Quant à la partition sonore, elle est inventée à partir de signes que chacun choisit selon son

1. Extrait de *Pensée sauvage,* chanson composée par Tania Pividori, du disque *Sveltes Z'agrum',* paru chez Inouïe, interprété par le groupe Anacaona.

humeur et son expérimentation, puisque ce travail demande au patient une à deux semaines de préparation ; ceux qui connaissent l'écriture musicale peuvent également y avoir recours mais cela n'est pas du tout nécessaire dans la réalisation de cet exercice de composition et d'interprétation.

18. Les conjugaisons : passé, présent, futur

Rétablir le sens du temps dans les conjugaisons permet au dyslexique de se repérer dans le temps. Nous lui proposons de le situer dans une échelle sociale et culturelle dans laquelle il a déjà ses repères, celle des couleurs, des registres, des matières, des sensations tactiles...

Par exemple, nous lui demandons de conjuguer le verbe *prendre* à la 2e personne du singulier au : *noir, vert clair, aigu, grave, chaud, froid, gras, mou,* ainsi de suite. Cet exercice le déroute tout d'abord, puis il recrée une logique dans une graduation qui lui est familière, soit seul, soit avec d'autres participants, afin de mieux représenter les différents verbes dans l'espace.

Nous notons que les stagiaires associent le plus souvent les verbes au passé aux couleurs sombres, aux sons graves, aux matières solides, aux grands espaces. Quant au présent, ils lui prêtent des formes plus souples et mobiles, des couleurs plus claires, des sons médium, des matières denses, des paysages fournis (la forêt par exemple). Le futur revêt des formes plus volatiles, l'air notamment, des couleurs très vives, des paysages plus verticaux, des sons aigus. Nous ne prétendons pas atteindre une uniformité dans les réponses, mais notre but est de leur montrer combien les jugements et les appréciations bien structurés qui sont les leurs dans certains domaines utilisent une forme d'esprit qui peut être apparentée à la compréhension des temps. Il s'agit ensuite d'affiner les contrastes, notamment dans les domaines de l'audition et de la vision, afin d'obtenir la reconnaissance et la capacité à conjuguer les verbes à tous les temps.

Les quelques exercices que nous vous avons présentés permettent au dyslexique de travailler dans une démarche holistique, à partir d'un diagnostic faisant état à chaque séance de sa progression sur les plans neurologique, linguistique et postural, sans pour autant ignorer sa disposition affective, sa créativité. C'est véritablement la rigueur du diagnostic « en chemin », sans cesse remis en question et ouvert à d'autres disciplines qui sert de fondement à la rééducation.

5

L'alchimie de l'art et de la science au sein de notre démarche

Le projet Sensonaime qui réunit les sens, les sons et le langage, résulte du constat suivant : au début, quand la vie s'installe, cri ou verbalisation sont contemporains des gestes et du mouvement. On peut définir Sensonaime comme une pédagogie du mouvement, en fait du double mouvement réalisé par l'expression orale d'une part et l'expression gestuelle de l'autre. À l'origine, ces deux types d'expression étaient indissociables. Personne ne peut contester que « le chant primitif disait le langage de l'homme au milieu de la nature[1] ». Sensonaime unit à nouveau ces deux formes d'expression dans une harmonie sans couture et sans reprise recréant ainsi une cohésion bénéfique au bien-être de l'individu parlant.

Le mariage de l'art et de la médecine

Jusqu'à la fin du XVIIIe, l'idée d'une action thérapeutique de l'art était bien ancrée chez les médecins et même si l'on commençait à douter de son

1. Camille Mauclair, *La Religion de la musique*, 1939, Paris, Librairie Fischbacher, p. 83.

efficacité sur la peste ou la sciatique, la musique trouvait « de plein droit sa place naturellement aménagée au sein d'une organisation archaïque certes, mais douée d'une cohérence et d'une stabilité qui lui étaient propres [1] ». Michel Foucault [2], dans son *Histoire de la folie à l'âge classique*, confirme cette affirmation en rapportant des cas. Par exemple, en 1771, Bieuville écrivait à propos de la nymphomanie qu'il y a des occasions où on peut la guérir « en se contentant de traiter l'imagination ; mais il n'y en a point ou du moins presque aucune où les remèdes physiques puissent seuls opérer une cure radicale ». Et un peu plus tard Beauchesne : « En vain voudrait-on entreprendre la guérison d'un homme attaqué de folie, si l'on n'employait pour y réussir que des moyens physiques... Les remèdes matériels n'auraient jamais un succès complet sans les secours que l'esprit juste et sain doit donner à l'esprit faible et malade. »

Depuis la Renaissance, les arts ont retrouvé toutes les vertus thérapeutiques que lui avait prêtées l'Antiquité.

Jusqu'aux années 50-60, on cite des cas de frénésie guéris par la musique, la « tarentelle » en Italie en est un exemple remarquable. En effet, les personnes « mordues » — c'est le terme utilisé en italien — par la tarentule, une grosse araignée que l'on trouve entre autres dans le sud de l'Italie, entraient dans un état proche de la transe. Il s'agissait presque toujours de femmes. Celles-ci développaient des états qui pouvaient passer par différents

1. Christian Corre, « Un musicologue chez les fous », *Romantisme*, n° 72, 1991, revue de la Société des études romantiques et dix-neuviémistes, XXe année.

2. Michel Foucault, *Histoire de la folie à l'âge classique*, 1972, Paris, Gallimard, pp. 342-344.

stades allant de l'apathie à des crises assimilables à de l'épilepsie. Ces crises duraient plusieurs jours, parfois plusieurs semaines. Pour traiter la malade, on faisait alors appel à des musiciens spécialisés qui, jour et nuit, jouaient sans interruption les fameuses tarentelles. Ces rituels avaient pour fonction de ramener la malade dans le monde réel ; les thérapeutes musiciens développaient à partir de leurs modes musicaux d'innombrables variations, improvisant autour d'une mélodie et s'adaptant à la situation. Ainsi une mélodie de base était réorganisée, reproposée différemment. Les formules musicales dont disposaient les musiciens variaient en fonction de leur imagination créatrice, générant ainsi des images différentes comme si, à partir des mêmes éléments, chacun pouvait réaliser une mosaïque singulière. Les développements musicaux de la tarentelle suivaient chaque étape de ce traitement particulier, ceci jusqu'à ce que la malade « mordue » sorte de son état altéré et danse au son de la tarentelle et tombe, afin d'évacuer le mal.

L'araignée « mordait » essentiellement les femmes et, chaque année à la même époque, elles entraient à nouveau en crise. On suppose qu'il s'agit d'une réaction exutoire aux conditions de vie des femmes particulièrement difficiles et astreignantes à l'époque, dans le sud de l'Italie, puisque le venin de l'araignée n'explique pas ces réactions impresssionnantes. D'ailleurs, à partir du moment où les conditions de vie des femmes de ces régions ont évolué, les morsures par la tarentule ont pratiquement disparu. Pourtant, aujourd'hui encore, les anciens racontent d'impressionnants épisodes de guérison et, chaque année, le rituel resurgit à l'occasion de fêtes où l'on danse trois jours durant au son de la tarentelle.

Les pays qui souffrent d'un nombre élevé de

maladies en raison du climat et des conditions précaires ont naturellement développé des danses, toujours accompagnées de musiques appropriées, dans le but, conscient ou non, de renforcer le système immunitaire.

Si les arts guérissent c'est en agissant sur l'être humain tout entier, en pénétrant le corps aussi directement, aussi efficacement que l'âme elle-même.

Sans doute on n'admet plus que la musique, dans la réalité matérielle de ses sons, apporte jusqu'au corps les vertus secrètes cachées dans la substance même des instruments ; sans doute on ne croit plus que les lymphatiques sont guéris par « un air vif joué sur une flûte de thyrre » ainsi que spécifié dans les *Annales médico-psychologiques*, ni les mélancoliques soulagés par « un air doux joué sur une flûte d'hellébore », ni qu'il faut se servir « d'une flûte faite avec la roquette ou le styrisin pour les impuissants et les hommes froids ». Mais si la musique, la danse et la poésie ne transportent pas les vertus celées dans les substances, elles sont efficaces sur le corps grâce à leurs caractéristiques propres.

À l'origine, les sons ne sont rien d'autre que mouvement et, parvenus à l'oreille, ils deviennent aussitôt effets qualitatifs. La valeur thérapeutique des sons poétiques et musicaux vient de ce que cette transformation se produit dans le corps, où l'harmonie se redécompose en mouvements, où l'agrément de la sensation devient ce qu'il avait toujours été, vibrations régulières et équilibre des tensions.

L'homme, en tant que corps et esprit, parcourt en sens inverse le cycle de l'harmonie, redescendant de l'harmonieux à l'harmonique. La musique se dénoue dans le corps et la santé s'y rétablit. Mais il y a un autre chemin, plus direct encore et plus efficace : l'homme alors ne joue plus ce rôle négatif d'anti-instrument, il réagit comme s'il était lui-même instrument.

Les caractères ou qualités propres des arts comme la musique et la danse — gaies, tristes, ou martiales, majeures ou mineures —, leur symbolique (qu'il s'agisse de mode ou de tonalité), bref tout ce qui justifiait les anciennes médecines musicales, importent peu ici : on parie plutôt sur des données acoustiques neutres (« aigu », « médium », « grave »).

On doit se souvenir aussi du statut particulier que l'ouïe occupe avec la vue dans l'ordre sensoriel. Surtout, l'emploi de la musique devient expérimental et ne relève plus d'une tradition transmise ; il implique la participation active du malade : chanter, danser, lire, assister à des concerts, c'est rentrer dans un circuit d'échanges humains, et cette forme exemplaire de socialisation culturelle vaut d'être tentée.

Bien sûr, la question de l'impact réel des arts sur la maladie reste posée, mais elle est à présent liée à celle, plus générale, d'un état actuel des connaissances dont il appartient bien à la science de se préoccuper.

Les techniques mises en œuvre par Sensonaime touchent à l'essence même de la rééducation : rendre conscient de l'individualité du phonème émis grâce à l'analyse des conditions locales et locorégionales de sa production, conscience qui ne doit pas manquer de retentir sur les aires sensorielles chargées de la réalisation des sons.

L'enfant, qui assimile progressivement l'idiome qu'il parlera correctement plus tard, accomplit un labeur intellectuel dont, en général, nous lui savons peu de gré. Quand ses interprétations sont heureuses, nous n'y prenons pas garde et, quand il se fourvoie, nous nous moquons de lui.

Un petit garçon de 4 ans avait entendu chanter une chanson de Jacques Dalcrose :

« Il était une fois — un petit garçon,
Qui était bien sage à l'école — comme à la maison.
Mais il avait, quoique sage — un défaut obstiné :
C'était de fourrer, quel dommage ! ses doigts dans son nez. »

Un seul terme était obscur à l'enfant dans ce texte et il demanda ce que voulait dire « obstiné ». Sa mère lui répondit en lui donnant quelques exemples d'obstination enfantine, mais le garçonnet ne paraissait toujours pas satisfait de l'explication fournie. La maman chercha donc un autre exemple plus convaincant : « Si tu mets tes doigts dans ta bouche, lui dit-elle enfin, et si tu les y laisses après que je t'ai dit de les retirer, tu es obstiné. » Et l'enfant de répliquer gravement : « Non, ça, ce n'est pas obstiné... c'est *obstibouche* », et il parut très déconcerté de voir ses parents partir d'un grand éclat de rire.

Ce terme bizarre n'est ni une niaiserie ni une impertinence ; il est le témoin d'une analyse opérée sur un mot nouveau et qui a abouti à une interprétation concernant sa structure et sa valeur.

Les remarques de cet enfant sur le mot « obstiné » et ses tentatives de création à partir de lui font partie d'une grande tradition d'étymologie populaire. Le radical « obsti », prélevé par l'enfant dans un mot où il croyait entendre le mot « nez » n'existant pas en français, a rendu caduque l'élaboration intellectuelle de cet enfant, mais témoigne de l'existence d'une analyse de la part de celui-ci.

Les dyslexiques opèrent avec autant de succès

que d'échecs sur les mots qu'ils entendent, d'où l'importance d'une rééducation à la fois auditive et visuelle de ce genre de handicap. La lecture, à haute voix ou non, enseigne la segmentation que l'ouïe finit par engranger et intégrer. Et ces différentes opérations représentent autant de stimulations pour les régions corticales en charge des représentations sensorielles de ces activités.

L'apport de l'art dans la rééducation orthophonique pratiquée au sein de l'association Puissance Dys prend tout son sens si l'on met en perspective certaines caractéristiques du langage musical et du langage oral et écrit.

La musique procure un plaisir immédiat, instantané, nous dispensant au premier abord de la connaissance ou reconnaissance des lois qui la régissent. L'accès à son langage, aux émotions qu'elle suscite, n'exige absolument pas le fastidieux apprentissage de la lecture et de l'écriture de la musique, autrefois indispensable à la découverte d'un instrument.

Les patients dyslexiques et dysorthographiques dotés de bonnes aptitudes et d'un goût certain pour la musique et/ou la danse qui se trouvent confrontés, dans le cadre d'un apprentissage artistique, à des systèmes pédagogiques calqués sur le système scolaire, ont peu de chance de développer leurs capacités car, pour apprendre à lire et à écrire les notes et les rythmes, ils se trouvent confrontés à des difficultés identiques à celles éprouvées devant les lettres, les mots et les phrases.

Certains conservatoires ou écoles de musique actuels ont mis au point des pédagogies d'éveil musical et corporel permettant à tous, dyslexiques et non dyslexiques, de développer le travail de l'instrument, l'interprétation et parfois l'improvisation, seuls ou au sein d'un orchestre. Pour les enfants qui ont la chance d'accéder à ces structures encore trop rares, l'apprentissage de la musique s'avère possible. Sinon, ils se trouvent éliminés du cursus dès les premiers examens qu'ils considèrent comme de véritables obstacles. Nous avons même connu plusieurs enfants contraints de redoubler leur catéchisme parce qu'ils ne mettaient pas de *s* à Jésus ou inversaient le nom des apôtres !

Au sein de l'association Puissance Dys, nous avons établi une collaboration fructueuse avec des artistes qui animent des ateliers à vocation artistique.

Ils nous ont fait part de leur étonnement de constater que non seulement les dyslexiques ne présentaient pas de troubles de compréhension, de coordination, de comportement et de latéralisation spécifiques, mais qu'ils montraient des dispositions et des aptitudes peu ordinaires pour les activités proposées.

Les animateurs notaient une importante capacité à mémoriser oralement, à inventer un langage original dans tous les modes d'expression proposés et à atteindre des performances surprenantes.

Les qualités des dyslexiques dans les domaines artistiques sont aujourd'hui mieux connues, mais leur talent peut sommeiller et ne jamais se révéler si on ne leur propose pas un travail formel et rigoureux, exécuté dans un climat permissif et ludique.

Le but des ateliers, étroitement associés aux séances de rééducation orthophonique, est de favoriser la prise de conscience par les dyslexiques de leurs talents et de les aider à s'épanouir en s'acceptant en tant que tels. Nous répartissons le travail artistique au sein des ateliers et des stages de façon à permettre à nos participants d'accéder à des disciplines différentes tels le rythme, le chant, les arts plastiques, le théâtre, l'écoute, les arts martiaux, le jonglage ou autres activités du cirque.

Nous assistons à toutes ces séances afin de créer des liens entre les différentes disciplines et utiliser dans les ateliers d'orthophonie le fruit de nos observations pour rééduquer chacun en fonction de ses aptitudes singulières ou particulières dont il aura bien pris conscience au fur et à mesure de ces apprentissages. Les exercices permettant d'accéder au code écrit seront compris et intégrés naturellement car la stimulation des fonctions neurologiques se fera dans un état de bien-être et d'épanouissement global de l'individu.

L'apport du rythme et des percussions

F., 15 ans, nous fait part de l'importance du rythme dans le langage. Après avoir travaillé les percussions et le chant dans des contextes très différents, il comprend les analogies entre le rythme musical, les rythmes corporels et ceux qui existent dans la langue parlée et écrite :

« Le rythme dans le langage.

« En chacun de nous sommeillent des pulsions rythmiques. Nous pouvons apercevoir quelques traces dans la langue française, avec ses intonations, ses crescendos et decrescendos, ses esquives sonores, ses ponctuations et tous ces mots à qui on peut s'amuser à infliger un autre accent tonique.

« Ce processus change radicalement la signification du mot. Le rythme du langage peut se transposer selon l'humeur du narrateur, excité, saccadé, lent, monotone, plein de vie... »

Le tempo, la pulsation

Tout en nous répond à un mouvement rythmique. Le tempo est l'une des composantes du rythme qui se définit comme un « battement isochrone du temps ». C'est le principe de la régularité — à ne pas confondre avec l'ennui. En effet, nous constatons que lorsque le tempo d'une musique est très marqué et produit de façon électronique, dans une régularité mécanique, aveugle, dépourvue de toute sensation, nous sommes soit hypnotisés, soit abrutis, soit ennuyés. Le passage d'un temps à l'autre — la façon de se poser sur le temps — présente une richesse infinie de variations et d'interprétations, et ce quels que soient les styles de musiques.

Nous enseignons au patient à sentir non seulement cette régularité, mais aussi la distance et le mouvement qui conduit une pulsation vers une autre pulsation, afin qu'il comprenne et qu'il ressente la continuité et la fluidité du temps qui se déroule, comme s'il marchait par exemple. Puis nous l'invitons à appliquer cette démarche à la lecture, à réguler, à fluidifier son rythme de lecture, à sentir le déroulement des mots, des espaces entre ces mots qui correspondent aux silences, à interpréter grâce à la ponctuation, à saisir l'intonation, le sens, à capter l'attention de l'auditeur et à mémoriser le texte lu.

Un dyslexique a beaucoup de mal à respecter les silences dans une séquence rythmique, car il évalue différemment — en fonction de ses repères propres — la distance d'un mot à l'autre. L'irrégularité des signes du langage, de la ponctuation, des formes le rend perplexe ; il ne sent pas comme nous la logique qui anime l'agencement de ces signes.

Le découpage rythmique

Le découpage rythmique est une composante du rythme qu'il s'agit de maîtriser si l'on veut lire et écrire correctement.

À partir d'un tempo (comme à partir d'un alphabet, d'un sens établi de lecture de gauche à droite et de haut en bas), nous découpons les temps afin d'obtenir des séquences rythmiques variées, de la même façon que nous allons découper les mots et les phrases.

Prenons pour exemple cette phrase écrite par J. :

« Tuna pad ech ens » (tu n'as pas de chance) ; si l'on travaille avec J. une série de séquences rythmiques à partir d'un tempo donné qu'il va énoncer avec des onomatopées, en tapant dans ses mains, en marchant et en utilisant des instruments de percussion, nous obtenons : « Tu nas pas de chanse. »

On note combien la sensibilisation kinesthésique compte puisque c'est grâce à ce procédé que J. accède ainsi au découpage des sons sans passer par des exercices de correction de son trouble.

Voici le texte de Z., 27 ans, inspiré par l'écoute de musiques du Moyen-Orient, dans lesquelles le découpage rythmique ainsi que les cycles extrêmement complexes enrichissent l'écoute :

> « Mouvantes femmes, émouvantes
> dans leur tchador noir et d'or
> est leur silence
> Dort ensommeille
> tes mains et tes pieds abandonnés
> près de toi
> enfarinés de poussière ne savent plus
> rien dire ni des pas ni des pains
> ni des rides du vent

enracinés dans les plis lourds du tissu
qui te courbe
Encagée la lumière de tes jours sous
tes paupières enténébrées,
brisées d'éclat de vie de vive voix
il faut du bruit, des cris, une clameur
d'enfant pour qu'existe ce silence qui
n'appartient qu'à toi
ce silence-là,
là où il te trouve là où tu le prends. »

La durée et l'accentuation

Une autre caractéristique du rythme, essentielle à la conscience phonologique du dyslexique, est la durée qui va allonger les sons et donner un sens différent au phrasé, à l'interprétation.

Le dyslexique a des difficultés à ressentir la durée des sons et des silences inhérente aux voyelles et aux sons vocaliques du langage ; il est perdu dès qu'il s'agit de différencier les voyelles des consonnes par exemple. Nous avons remarqué qu'il interprète à maintes reprises les voyelles comme des personnalités variées, des formes correspondant à des couleurs très précises qui se contrastent et se mélangent selon leur place dans le mot, selon le sens de la phrase…

Lorsque le dyslexique travaille avec un(e) percussionniste les composantes du rythme — qui incluent également l'accentuation d'un temps, d'une note, d'un son —, il ancre son rythme visuel en lecture dans une fluidité ne correspondant en rien aux apprentissages précédents. Fort de ses performances dans ce domaine, il va les appliquer à la lecture puis à l'écriture. Les exercices de rythme, d'allongement des syllabes, de découpage des sons ne seront pas très efficaces et les progrès des patients bien éphémères si l'on en reste au stade du langage oral ou écrit. Le patient progressera si nous lui permettons de travailler les caractéristiques du rythme, grâce à des exercices d'intégration et d'application individuelle et en groupe.

Lors de nos exercices orthophoniques d'épellation en marchant, le rythme se construit dans le temps — d'où la distance entre deux points définis —, mais aussi dans l'espace. Sans ce double travail, la visualisation des lettres et la coordination psychomotrice et linguistique n'est pas possible.

La polyrythmie[1]

Nous abordons la polyrythmie afin que chacun puisse taper un rythme tout en écoutant ceux joués par ses camarades. Nous conduisons le dyslexique vers une écoute à la fois centrée et multidirectionnelle dans laquelle il se sent plus à l'aise que dans une écoute unidirectionnelle. Nous enseignons des rythmes qui n'existent pas, ou peu, dans notre culture et ouvrent des possibilités d'intégration et d'interprétations infinies aux dyslexiques, tant dans le domaine de l'apprentissage de cycles de longueur différente que dans la capacité à lire et à intégrer les langues étrangères.

Au cours d'un de nos ateliers, nous avons proposé l'exercice suivant :

Les participants composent des formules rythmiques, les jouent à l'unisson, puis les superposent de façon organisée afin de produire une polyrythmie. Pour arriver à jouer cette séquence, ils devront franchir diverses étapes : battre le rythme avec les mains et les pieds en synchronie ; battre le rythme en émettant des sons, significatifs ou non ;

1. Plusieurs rythmes interprétés simultanément.

associer à la séquence rythmique sonore une gestuelle rythmique dissociée ; écouter à la fois sa propre prestation, mais aussi celle des autres ; écouter sans perdre le fil les conseils du professeur ; interpréter avec sa sensibilité le rythme joué ; y associer d'autres sens que l'ouïe, notamment le toucher ; développer sa capacité à imaginer des images, des formes, des couleurs, des histoires sur les séquences interprétées ; improviser des solos ou bien créer d'autres séquences à partir de la proposition de départ et les développer en créant des arrangements pour le groupe.

Voici comment nous arrivons à adapter cette proposition dans le domaine de l'orthophonie :

Les participants épellent un mot simple, à l'unisson, sur un tempo donné ; puis chacun choisit un découpage rythmique de ce même mot ; chacun s'emploie à garder son rythme tout en écoutant ceux des autres, sans se laisser perturber par le brouhaha que cela produit, ni par l'état de tension physique et psychologique résultant du décalage d'écoute de toutes les propositions. Lorsqu'ils ont réussi cette étape, nous leur proposons de choisir chacun un mot différent à épeler sur des rythmes variés, et répéter jusqu'à être capables de garder leur rythme en prononçant leur mot sans bredouiller, et de comprendre les mots des autres participants dans la mesure du possible. Nous pouvons ensuite effectuer le même exercice par petits groupes avec de courtes phrases individuelles. Chacun devra découvrir les phrases des autres puis répondre à des questions sur les temps employés, le genre et le nombre de certains noms ou adjectifs, etc.

Nous remarquons que, d'une session à l'autre, les dyslexiques arrivent à inventer des exercices imitant la progression que nous proposons en l'adaptant à une difficulté nouvelle rencontrée à l'école ou dans leur travail.

À la suite de ces ateliers, ils éprouvent fréquemment le besoin d'écrire un texte ou une poésie dont voici quelques exemples :

Grâce au travail du rythme, T., 9 ans, découvre un nouveau souffle créateur et éprouve, pour la première fois dans sa vie d'écolier, le besoin d'écrire. Voici un de ses textes dans lequel il nous invite à découvrir une perception du monde bien à lui :

> « Une grande boîte de crayons
> de crayons de couleur
> placée sous une lueur
> la lueur d'une lampe
> éclairante et chauffante
> dans la nuit aveuglante
> vacille cette lumière
> la lumière d'une lampe. »

Ce travail de rythme, pratiqué au sein de l'association Puissance Dys, est très inspiré des pédagogies issues des traditions orales. Cela nous permet d'améliorer de façon notoire leurs performances au niveau du langage écrit. Nous amenons progressivement les dyslexiques au code écrit de la musique, en fonction de leur progression scolaire, sans qu'ils aient d'efforts à fournir.

Cette approche globale du rythme, associant les sons et les gestes, tenant en éveil le corps et l'esprit, développe chez nos patients une agilité multiple leur permettant d'aborder avec souplesse, facilité et confiance les règles du langage écrit.

L'apport du chant et de la poésie

Par la reproduction de mélodies et de rythmes, l'atelier de chant ou expression vocale développe la capacité à chanter en groupe, la monodie (chant à une seule voix sans accompagnement) et la polyphonie. La pratique du chant sollicite l'intégralité de l'activité cérébrale.

La voix constitue le vecteur privilégié de la communication orale, mais aussi écrite (en lecture par exemple). Les enfants accompagnent souvent leurs jeux de vocalises, de bruitages en tous genres et peuvent mémoriser des chansons entières, à condition qu'elles leur plaisent. Le travail sur l'écoute de chants monodiques et polyphoniques leur permet de mieux apprécier les musiques et les influences musicales variées. Une expérience corporelle et vocale préalable les aidera à aborder un travail sur le souffle, à sentir la mobilisation de telle ou telle partie des côtes, à prendre conscience de l'action du diaphragme, de leur respiration et de la résonance consécutive à la circulation des sons à l'intérieur d'eux-mêmes comme à l'extérieur, dans l'espace environnant.

Cette pratique implique une mise en action complète du corps et permet de développer une mémoire sensorielle pallesthésique[1] ainsi qu'une mémoire kinesthésique[2] nécessaires à la pratique du chant. La hauteur des sons et la prise de conscience des registres sont importantes si l'on veut permettre au dyslexique d'accéder à la conscience phonologique des sons et des voyelles en particulier.

---

1. Pallesthésique : qui fait appel à la mémoire des sensations.
2. Kinesthésique : mémoire du mouvement.

Un exercice que nous affectionnons particulièrement consiste à explorer les voyelles deux par deux : le premier participant chante une mélodie avec les voyelles A, O, I, et le deuxième représente par un mouvement vertical les graves, les médiums et les aigus. Souvent, ils choisissent de se baisser pour les graves, d'être à mi-hauteur pour les médiums, et de se tenir debout pour les aigus. Les enfants se trompent rarement sur la hauteur des voyelles, ils savent intuitivement repérer leur hauteur sur l'échelle des fréquences (hauteur des sons).

La consigne de cet exercice ne précise pas si l'enfant doit suivre la hauteur des voyelles qu'il a choisies auparavant (A = grave, O = médium, I = aigu) ou la hauteur des notes de la mélodie. Nous observons que l'enfant suit soit l'une soit l'autre des possibilités, mais qu'il ne passe jamais d'une interprétation à l'autre. Cela nous renseigne, d'un point de vue orthophonique, sur la capacité de l'enfant à se situer sur l'axe paradigmatique ou sur l'axe syntagmatique du langage. Nous lui ferons travailler progressivement la capacité à se situer en permanence sur les deux axes, afin qu'il intègre cette analyse linguistique traditionnelle.

Lorsque les enfants, les adolescents et les adultes progressent dans l'apprentissage de courtes mélodies, dans la reproduction de notes et dans la reconnaissance des registres, nous leur proposons de travailler sur deux types de répertoire : des poésies chantées que nous composons à cet effet ou bien des chants issus du répertoire populaire italien, plutôt destinés aux adultes. Ces derniers vont améliorer leur rythme de lecture et la reconnaissance des facteurs de durée et de résonance dans le langage écrit, grâce à ces chants polyphoniques qui utilisent une langue proche de la nôtre ainsi qu'un univers mélodique varié.

Ces chants populaires polyphoniques italiens *a capella* sont tous issus de la tradition orale et racontent les histoires des différentes étapes de la vie à la mort. Ainsi, qu'il s'agisse d'une berceuse, d'un chant de noces, d'amour ou de travail, la fonction qui le sous-tend est essentielle et induit nécessairement une interprétation directement liée au sens de l'histoire racontée. Ce sont les mots qui, en quelque sorte, provoquent la musique. Cet aspect des choses permet de faciliter l'implication physique fondamentale de la personne qui interprète l'un de ces chants. De plus, l'esthétique particulière à ce répertoire est un bon outil pour aborder la mémoire du son, la fréquence des voyelles et, bien sûr, les sensations émotionnelles véhiculées par la voix chantée.

La variété de timbres contenus dans l'émission vocale, l'utilisation de gammes non tempérées et la diversité des émotions provoquées par les répertoires que nous proposons, en italien, en français ou en d'autres langues — y compris dans un travail sur l'improvisation — vont conduire nos participants à découvrir les diversités linguistiques que contiennent toutes ces mélodies variées, d'origines diverses, dont ils apprécient avant tout la beauté.

Notre répertoire est extrêmement varié du point de vue de l'esthétique musicale. Aussi aborder la polyphonie par ce biais — outre que c'est assez plaisant — permet de se confronter à des patrimoines différenciés et de parvenir en quelques séances à un résultat motivant. Chanter à deux, trois ou quatre voix développe une écoute forcément relative de sa voix et de celle des autres. L'absence d'instrument indiquant la note à suivre permet de s'ajuster. Et afin d'y parvenir plus facilement, l'écoute des autres voix s'impose.

Chacun a une fonction précise dans ce qu'il chante ou plutôt dans le récit chanté qu'il fait. Cette ouverture de l'oreille nous permet d'introduire la musicalité du langage, l'écoute polyphonique peut être entendue comme le volet organisé du monde qui nous entoure où le son tient une place très importante. Or avoir cette possibilité de discrimination sonore ouvre la porte à d'autres modes d'organisation. Le chant est l'étape que nous utilisons pour introduire la musicalité du langage écrit et notamment de la poésie. Aussi présentons-nous des textes poétiques d'auteurs que nous choisissons, afin d'aborder cette utilisation de la langue. L'objectif consiste à faire écrire aux dyslexiques des textes où le langage est articulé d'une façon qui reflétera le style particulier de chacun, sans entrave aucune.

Voici quelques exemples des textes composant les chansons sur lesquelles travaillent nos patients. Elles comportent une ou plusieurs voix, on peut parfois les agrémenter de solos afin de travailler la composition et l'interprétation simultanées et spontanées, à partir d'un matériel donné.

Ces chansons constituent également le point de départ d'un travail d'écoute et d'interprétation qui stimule chez les dyslexiques une envie d'écrire trop souvent réprimée.

Les textes que nous avons écrits et mis en musique sont pleins de clins d'œil pour les dyslexiques, tant au niveau de la forme que de l'univers poétique qui leur est révélé :

Le Son [1] se joue sur un mode rythmé et caressant :

« Le son est l'existence de l'homme,
condensation pure du verbe, vouloir étincelant

1. *Le Son*, texte de Métellus, musique de B. Sauvageot, chantée par le groupe...

refrain : Il faut apprivoiser dans la bouche d'autrui
tous les moments du verbe
félicité du son annonçant l'heure
frémissement de la voix réveillant les siècles
refrain
refuser la couche taillée dans un lambeau de bois
l'écueil de velours enlacé au bout de l'épée
l'attente instinctive du fossé
et accorder sa passion au réveil des mots
refrain »

Voici ce qu'écrivit B., 9 ans, après avoir participé à un atelier de chant, puis écouté cette chanson :

« C'est un jour, joli et beau. Je suis allé sur le chemin de l'école. Tout d'un coup, j'entends un son aigu, je m'approche ; maintenant je suis loin de l'école et je l'entends toujours. Qu'est-ce que je vois ? des lunettes, mais j'entends toujours ce maudit son. Je prends les lunettes, je vois des traits en direction du son aigu. Tout d'un coup, un son grave résonne ; des énormes traits vont vite, plus ou moins fort le bruit résonne, ça peut faire éclater les tympans. J'entends une femme chanter, les vitres éclatent, un nouveau son médium ne résonne pas, il est moyen.

« Qu'est-ce que je vois ? plein de sons, moches, beaux, nuls, petits, grands, forts. Je rentre à la maison, j'ai appris quelque chose, justement la leçon d'aujourd'hui, une leçon de son, le son moi, je sais ce que c'est maintenant. »

En créant et en faisant des vers, ces enfants apprennent que le chant poétique leur permet de résoudre leur désaccord avec la société « lettrée » qui les rejette et les humilie, la poésie leur permet de rejoindre le grand rythme universel d'où personne n'est exclu. La création poétique leur permet d'édifier une vie dont ils n'ont pas honte et qui leur restitue leur dignité froissée, les met en harmonie avec l'immense mouvement de la vie. La création poétique vise à revigorer l'individu et ses sens, à exalter ses capacités discriminatives dans tous les domaines de sa sensibilité. Elle favorise l'émergence d'un état reposant sur l'attente, sur une disposition sensuelle et voluptueuse toujours prête à frissonner et à rejaillir, loin de toute saturation sentimentale et, de ce fait, apte à échanger avec un art différent, d'emblée proche de lui, comme la musique. La subtilité et la finesse poétique provoquent cette ardente gaieté de l'âme qui l'incline à la musique. De telle sorte qu'on peut dire que les clapotis égrenés par le piano, les sanglots de la clarinette, du violon, en humectant les joues, les corps et les vêtements, correspondent aux effets de cette sensibilité poétique procurant un vertige agréable ou tragique. Aussi est-il nécessaire de faire prendre conscience à l'enfant de la musicalité de la langue parlée et des formes multiples que les mots peuvent engendrer.

À partir d'une phrase simple, nous l'incitons à développer, à inventer d'autres situations, d'autres paysages visuels. Le langage devient alors un jeu, avec des mots que l'on peut utiliser différemment. Et, en fonction de la place qu'on leur donne, l'effet en est modifié. C'est comme si l'on échange la place des morceaux de verre d'un kaléidoscope en le tournant afin d'en renouveler sans cesse l'image.

Nous travaillons à partir d'un répertoire poétique le plus vaste possible afin de permettre à l'enfant d'acquérir ces bases, de se confronter à la liberté formelle du langage, de découvrir et d'engranger ce matériau, de l'assimiler. Il pourra alors le reproposer selon son interprétation, le copier et, enfin, s'en dégager pour développer une production personnelle riche de cette expérience. Son interprétation devient alors création et improvisation.

Dans une deuxième phrase, nous proposons à l'enfant de mettre ses/ces mots en musique, en partant toujours du sens du texte. Les mots impliquent la musique et leurs sons nous aident à adapter la mélodie qui leur conviendra le mieux. Si l'on énonce à voix haute deux mots comme : « incandescent » ou « flottant », l'effet acoustique produit est certes très différent. On pourrait développer une des nombreuses possibilités musicales que chaque mot nous inspire : « incandescent » comprend des voyelles nasales qui, associées aux consonnes et prononcées dans un souffle, peut évoquer la rumeur d'un incendie, sa durée. Les quatre syllabes nous donnent aussi une indication du rythme. « Flottant » : *fl* peut évoquer l'élément aquatique et les doubles *t* de petites vagues clapotant sur la plage. Ici aussi, le rythme est indiqué par la longueur nécessaire au *fl* et la vitesse du double *t*.

Ceci n'est, bien sûr, qu'une possibilité d'interprétation, pourtant la prise de conscience de tous ces facteurs rendra simple la mise en musique du texte et pourra permettre à l'enfant d'aborder le langage avec une lecture à entrées multiples.

Voici le texte de « Sur la mer[1] », une autre chanson de notre répertoire, plus lente, jouée par peu d'instruments : l'allongement des syllabes et les modulations du thème y provoquent une stimulation des caractères de durée, d'accentuation, de

1. « Sur la mer », poésie et musique de Tania Pividori, produite par Inouïe, dans le disque *Sveltes Z'agrum'*.

découpage rythmique et d'interprétation mélodique au niveau des deux hémisphères cérébraux. Elle fait appel à une palette d'émotions très étendue, à une évocation complexe associant la projection d'images et de sensations dans l'espace.

« Sur la mer
de nos miroirs déformants
je trace les contours éphémères
de mes lèvres amères
Dans l'instant
ma bouche ainsi nommée
Sourit d'un éclat virginal
aux images fanées

Sur la mer
de nos miroirs déformants une ombre familière se confond
à mes larmes amères
Dans l'instant
perle à perle la pluie
couvre d'un tapis minéral
les reflets blancs et gris

Sur la mer
de nos miroirs déformants
cassant son élan
l'eau s'attarde se tait retient l'onde en secret
Dans l'instant le ciel surpris rougit
réveille d'un souffle nuptial
les nuages endormis
Sur la mer
de nos miroirs déformants
j'ouvre les yeux
au jour qui luit. »

R., 12 ans, choisit d'écrire en même temps qu'elle écoute — trois fois de suite — la chanson :

« Comme la terre de nos mines éphémères
je lis dans le marc amer
ma mère qui rit.
Par la pluie, perd l'envie
du tapis rabougri
les larmes de ma vie s'ouvrent en panoplie
en panoplie du ciel qui moutarde
je réveille mes mots au miroir de tes yeux
perd la pluie rabougrit
rougie d'être endormie
au mille yeux de la nuit
ouvre la jour, ouvre le nuit
ouvre le jour, baisse la nuit qui luit, pour lui, la mer
qui rit
qui rit, qui rit, qui rit… »

La chanson « Mots épars [1] » provoque elle aussi des interprétations et des créations linguistiques et poétiques très inattendues, elle est « jazzy », pleine d'entrain et comporte deux voix. Nous donnons entre parenthèses quelques extraits de la deuxième voix, car elle présente un intérêt surtout au niveau de l'écoute et permet ainsi d'introduire la polyphonie. De plus, elle met en jeu les « frictions » sourdes-sonores (*t* et *d*), les confusions liées aux groupes vocaliques et consonantiques, les confusions d'origine spatiale et temporelle.

« Au bout de tes doigts (où ça ?)
il y a le vide
au bout de tes doigts (tais-toi !)

1. « Mots épars », poésie et musique de Tania Pividori, produite par Inouïe dans le disque *Sveltes Z'agrum'*.

il y a le vide
Trois empreintes en avant (trois emprunts au temps)
trois empreintes en arrière (si loin de tes mains)
J'ai mis j'ai mis du temps
à trouver le chemin de tes mains (*bis*)
Du bout de mes doigts
ta peau me guide
Du bout de mes doigts
ta peau me guide
j'apprends, je frôle, je sens
je sens la douce chaleur de tes mains (*bis*)
Sur le bout de tes doigts
J'attends avide
Trois empreintes en avant
trois empreintes en arrière
Dans la chaleur j'attends
Sensuelle la douce chaleur de tes mains
Dans la chaleur j'attends
Je sens la douce chaleur de tes mains. »

Après avoir chanté plusieurs fois la chanson avec le groupe, V. a eu envie de faire plusieurs solos. Il est venu à la séance suivante avec ce texte écrit par lui :

« Vers toi tes doigts
dira le roi
des mauvais pas
alors que moi,
j'les aime mes doigts
pas que dans l'nez
ni pour casser
j'aime caresser
tous les objets
j'voudrais pouvoir
toucher les sons

leur apprivoiser la
chaleur de leur cœur
pour qui m'aiment un peu
plus avoir de zéro
c'est la joie pour nous
tous les dyslexos
c'est pas rogolo
moi j'veux les chanter
les mots (*10 fois*). »

« Le vent[1] » est un chant très lent, très apprécié des adolescents. Il se chante à deux voix et permet d'apprécier l'esthétique de la polyphonie horizontale (deux mélodies qui se chantent en même temps et conçues chacune comme une voix soliste) plutôt que verticale (deux mélodies écrites en fonction d'accords et d'une harmonie particulière) :

« Insolent comme un espoir lourd
l'océan va, vient
de ses lames étreint
gros dos face au mur d'eau
Le vent fifre à mes oreilles
la terre zébrée d'embruns vermeils
Balbutiant d'or et d'argent
sourd
l'océan doux salin
balance son palanquin
gros dos face au mur d'eau
Les zéphyrs font fi des flots
La terre farde le ciel de mots. »

---

1. « Le vent », poésie et musique de Tania Pividori, produite par Inouïe, dans le disque *Sveltes Z'agrum'*.

L., une jeune femme de 17 ans, s'en inspire pour écrire ce texte :

« Belle comme un espoir,
l'eau mûre au mur
l'océan boit de ses larmes l'étreinte
le vent fit les flots d'embruns merveille
belle comme un espoir,
l'ouvre
les oreilles dorées d'argent sont filles de l'eau
la terre farde le ciel d'émaux. »

« Les micocouliers [1] » est une chanson très inspirée des rythmes de la bossa et inspire plus volontiers les petits. Elle stimule le mouvement et la coordination et implique nécessairement l'anticipation :

« Sur la place aux micocouliers
un homme séduit par son passé
sur la place aux micocouliers
marche à pas cadencés
sur la place aux micocouliers
j'essuie le temps
d'est en ouest et de banc en banc
du passé au présent
sur la place un homme passe (*bis*)
Sur la place aux micocouliers
dessus les toits des graines de palmiers
sur la place aux micocouliers
des teintures de drapiers
sur la place aux micocouliers
mon village éparpille
au fond des collines et des vallées
des alliances bigarrées

1. « Les micocouliers », poésie et musique de Tania Pividori, produite par Inouïe, dans le disque *Sveltes Z'agrum'*.

sur la place
le soleil s'efface (*bis*)
Tout en haut des micocouliers
cachée par le feuillage de l'été
dans une somnolence amusée
j'entends la ville respirer
tout en haut des micocouliers
si haut le ciel scintille
s'allume incandescent insouciant
plus bleu que l'océan
sur la place le ciel me dépasse. (*bis*) »

A., 11 ans, développe à partir de ce chant un nouveau texte qu'elle chorégraphie pour le reste du groupe :

« Sur la place où tout s'est passé
un homme s'essuie dans son passé
assis sur l'ouest d'un palmier
il se met à danser
sur la place aux micocouliers,
une colline soudain est née,
dans cette impasse un homme va chanter
son alliance effacée
sur la place aux mille pas dansés
il lance aux villages éloignés
une graine de cocotier
sur la place, la graine le dépasse
sur la place, la graine l'enlace
sur la place, l'homme passe et s'efface. »

Voici un texte spontané écrit par V., 10 ans, après un atelier d'écoute de poésies chantées. La consigne consistait à s'allonger confortablement sur le sol, à écouter avec plaisir, sans intention, tout d'abord la musique, puis à écrire ou à dessiner ce que l'on pouvait ressentir, si l'on était inspiré :

« Il était une fois un rossignol qui chantait.

« Il avait la voix d'un grand chanteur, et il chantait une chanson qui s'appelait *La vie d'un rossignol*. Un jour, un manager est venu voir le pauvre rossignol et lui a proposé de faire un disque. Le rossignol accepta avec joie. Il alla en France pour sa chanson en français, puis en URSS pour la même chanson dans une autre langue, et dans tous les pays du monde. Le rossignol fit un malheur avec sa chanson.

« Un jour, il en eut marre de tous ces journalistes qui venaient le voir à la fin de chaque concert, de voir son manager à longueur de journée, et il partit dans sa forêt pour voir ses amies d'enfance. Le manager était affolé, il le chercha dans la forêt où il l'avait trouvé. Il le chercha, puis il chercha encore jusqu'au jour où il le trouva en train de chanter une nouvelle chanson. Il le reprit et repartit en France où il chanta sa centième chanson. Tous les jours, son manager l'emmenait dans sa belle et tendre forêt pour voir ses amies et pour trouver des chansons qui devenaient de plus en plus belles, qui parlaient surtout de sa vie en forêt quand il était encore tout jeune.

« Pendant toute sa vie, il fit le métier de chanteur (qu'il rêvait de faire) et il vit encore car un rossignol vit deux cents ans. »

Voici une poésie écrite par C., un garçon de 8 ans puni à l'école pour n'avoir pu retenir le poème de J. Prévert « Pour faire le portrait d'un oiseau ».

Cet enfant en rééducation sait qu'il n'a plus besoin d'écrire la poésie deux cents fois pour s'en souvenir, comme il a dû, hélas, le faire auparavant. Il décide donc de passer par le corps, en inventant une chorégraphie, une mélodie et un rythme pour

~~[illegible]~~
Pour faire le portrait d'un oiseau

Peindre d'abord une cage avec une porte oi ouvert

Puis ~~dessiné~~ Peindre le musseau
Mais attention pas celui du corbeau
~~celes~~ seulement celui ~~des~~ de l'agneau.

Placer ensuite les ailles
gurre comme celle des hirondelles
mais pas comme celle des tourterelles
et vous continuerais tous celle ji seus presé.

mettre en espace et en chanson ce poème, trouvant qu'il s'y prête bien.

Il arrive en peu de temps à réaliser une chorégraphie, la danse devant notre petit groupe et retient ainsi la poésie. Nous lui proposons alors de passer à une autre activité, mais il préfère continuer sur la lancée, tout seul, à l'écart du groupe, car il « n'en a pas fini avec cette histoire », explique-t-il d'un air grave que nous ne lui connaissions pas jusque-là. Il s'installe donc au calme et voici ce qu'il écrit :

« Pour faire le portrait d'un oiseau
Peindre d'abord une cage avec une porte ouverte
Puis peindre le museau
Mais attention pas celui du corbeau
seulement celui de l'agneau.
Placer ensuite les ailes
genre comme celles des hirondelles
mais pas comme celles des tourterelles
et vous continuerez tout seul je suis pressé. »

Nous voyons ici comment l'enfant se réapproprie ce texte jusque-là inaccessible pour lui et comment il le personnalise. Il fait beaucoup moins de fautes que d'habitude, car « il désire de tout cœur que tout le monde puisse lire son poème, même ses futurs enfants ». Le lendemain en classe, interrogé par écrit sur le poème, il est surpris de le savoir suffisamment pour obtenir 8 sur 10 — il a fait seulement deux fautes ! Il semble que, dans ce cas, l'orthographe s'acquière aussi dans l'apprentissage d'un poème destiné à être dit, d'où l'importance de l'oral et du jeu dans toutes ces acquisitions simultanées.

La richesse des textes des dyslexiques, de plus en plus compréhensibles, avec de moins en moins d'erreurs en orthographe, nous fait prendre conscience de l'apport de la poésie et de la musique dans leur rééducation. Conquis par ce langage qui utilise des règles différentes de la lecture, la syntaxe et l'orthographe, ils aiment le défi à relever dans la découverte de ces textes et sont motivés par l'aventure des mots et des idées lorsqu'elle concerne leur vécu et leurs émotions.

Ces disciplines apprennent aux dyslexiques à mieux se connaître, à goûter aux plaisirs littéraires et poétiques, à apprendre à lire et à écrire autrement, à aborder le monde de l'écrit avec sérénité.

« L'art pour l'art » est, de nos jours, une pensée aussi étrange que la « richesse pour la richesse », « la science pour la science », etc. Toutes les activités humaines doivent servir l'homme, faute de quoi elles resteront des occupations stériles et oiseuses : la richesse existe pour être utilisée par l'homme, la science pour être son guide, l'art doit également avoir en vue quelque bien essentiel et ne pas être un plaisir stérile. Ce point de vue, relatif certes, met en lumière la nécessité de recourir à tous les arts dès que le bien-être humain peut en tirer parti.

Ce chapitre consacré au travail sur l'écoute, le corps, les arts plastiques, nous livre véritablement une clé de la méthode Sensonaime. Mariant ces deux manières d'être au monde, écouter, répondre avec son corps, notre méthode constitue d'une certaine manière une éducation de la sensorialité. Sensonaime réunit tous les éléments sensoriels. Il s'agit d'un véritable travail d'unification de tout ce qui est disponible dans l'individu. C'est en établissant cette liaison entre des domaines primitivement autonomes : le geste, la musique, l'expression verbale et graphique, que Sensonaime espère rétablir les dyslexiques dans leur dignité face à eux-mêmes et au monde.

Un travail sur l'écoute et les perceptions

Alan Silva, fondateur de l'IACP (Institut of Art, Culture, Perception), une école de « jazz et musiques improvisés », fut l'un des précurseurs du mouvement « free-jazz » aux États-Unis. Il élabora une pédagogie musicale fondée sur l'écoute. Cette approche permettait à des débutants d'intégrer rapidement un travail en orchestre, d'étudier à la fois le solfège, la technique instrumentale et l'harmonie, mais aussi la composition et l'improvisation. L'originalité de cette démarche, le manque de structure et d'organisation apparentes, pouvaient faire douter de son efficacité. Nous avons découvert plus tard que A. Silva était profondément dyslexique et dysorthographique, ce qui expliquait cette approche singulière. Son enseignement multipliait les grilles de lecture et d'analyse et complexifiait les tâches afin de développer des facultés mnésiques étonnantes. Ces techniques paraissaient parfois farfelues, car très différentes de ce qui constitue les fondements de l'apprentissage, au niveau du langage oral et écrit de la musique. Les élèves que nous étions apprenions à appréhender la musique dans sa globalité. Lui n'avait de cesse d'explorer chez chacun d'entre nous les capacités créatives inhérentes à tous les êtres humains et ce, quelquefois, au détriment des règles académiques constitutives de l'harmonie, du rythme, de la mélodie, de la polyphonie ou de la polyrythmie.

La scène se passe lors d'une séance en orchestre au cours de laquelle une personne exécutait un solo qu'elle avait composé à partir d'un thème de jazz. Les consignes d'exécution que Silva avait données étaient à la fois complexes et précises. Ce soir-là, la soliste se trompait sans cesse, respectant plus ou moins le rythme du morceau mais pas la mélodie. Par miracle, le résultat fut assez drôle, car elle se hasardait à prendre des chemins harmoniques peu conventionnels. Il lui laissa terminer ses deux cycles et lui demanda si elle s'était rendu compte de la façon dont elle avait construit ce solo. En bonne musicienne « française », comme il disait (c'est-à-dire coincée, pour être fidèle à sa pensée), la musicienne lui dit qu'elle s'était trompée, qu'elle avait tout raté… Il lui fit alors remarquer qu'il ne demandait pas une plaidoirie concernant ses erreurs, mais bien un effort d'analyse de sa performance et invita les membres de l'orchestre à donner leur avis sur la construction de ce fameux solo.

Finalement, ils découvrirent tous ensemble une règle de l'improvisation qu'ils n'avaient pas encore abordée : celle de la liberté mélodique soutenue par une structure rythmique fiable, s'organisant autour de règles harmoniques libres. Cet exemple démontre que l'étude des musiques de jazz, des musiques traditionnelles et des musiques improvisées nécessite une approche théorique et rigoureuse certes, mais indissociable d'une ouverture et d'une liberté passant par une conscience aiguë de ce qui se joue à un moment donné.

C'est grâce à cette technique et à cette capacité de s'ouvrir à l'écoute des stimulations présentes, à un moment donné, que l'on aborde la créativité, essentielle à l'improvisation. Cette dernière met en jeu une composition et une interprétation simultanées. La créativité, présente dans tous les actes de notre vie quotidienne, n'est pas réservée aux seules disciplines artistiques mais entre en scène à travers tous les espaces ouverts par l'écoute.

Ceci est encore plus vrai pour le dyslexique et le dysorthographique qui doivent pouvoir accéder à l'état d'improvisateur afin de lire facilement, écrire avec justesse. Ils doivent apprendre à se diriger en fonction des codes communs à tous, mais également en accord avec leur mode d'élaboration propre.

Lors des séances de rééducation, nous travaillons toutes les étapes menant à la capacité d'improviser, afin de développer l'accès à une pensée souple, adaptable, à une plasticité qui va ouvrir des chemins inattendus, nouveaux à chaque instant. Nous avons donc repris les travaux de Silva, afin d'explorer une approche rééducative fondée sur l'écoute, l'attention à soi et aux autres, l'improvisation.

Pour mieux comprendre ce que nous nommons communément « travail d'écoute fondé sur la perception de la musique », nous évoquerons les deux types d'écoute dont les apports peuvent influencer le comportement des sujets, dans différents domaines scolaires ou professionnels : écoute des professeurs, des consignes, des conversations, du texte lu, des réunions, des entretiens, etc.

La perception de la musique résiste à l'observation concrète et à l'analyse abstraite. Son étude a toujours suscité l'intérêt des philosophes et des psychologues occidentaux qui ont mis en relief l'impossibilité de séparer la perception du sujet en situation de percevoir. Un auditeur imprégné de la tradition occidentale ne peut s'empêcher de faire référence à des schémas de pensée propres à sa culture. Il a tendance à appliquer à toutes les musiques les grilles formelles de la « théorie de la musique » apprise à l'école et dont la généralisation lui paraît justifiée, tant elle est simple et rationnelle. Selon Francès, auteur de *La Perception de la musique*, un auditeur à l'écoute de mélodies utilisant un système d'une autre civilisation que la sienne aura tendance à « naturaliser » ces méthodes.

Ce phénomène est aussi applicable au domaine du rythme. L'auditeur possède un ensemble de références qui affinent, mais particularisent aussi sa perception. Nous pourrions dire que la perception consiste en la rencontre d'une donnée objective, l'œuvre et ses codifications, et d'un auditoire profondément subjectif. L'écoute est un sport réclamant un échauffement global, tant au niveau des muscles de l'oreille que du corps entier ; les dyslexiques affirment que ces moments d'attention s'obtiennent rarement à la première écoute, c'est un état qui s'aiguise et se développe à l'aide d'un entraînement. La pallesthésie [1] joue un rôle primordial dans la mémoire du langage écrit chez les dyslexiques. C'est grâce à cette mémoire sensitive que ceux-ci sont capables de créer des liens entre l'approche analytique et l'approche globale, comme de mémoriser l'intégralité des événements sonores, visuels, temporels et spatiaux.

Voici un texte montrant la difficulté d'entendre, mais aussi le bien-être qui découle de l'effort produit ; S., une adulte dyslexique, l'écrivit en écoutant une musique improvisée simultanément par la percussionniste de l'équipe — Béatrice — à la guitare :

1. Pallesthésie : sensibilité osseuse aux vibrations étudiée à l'aide du diapason appliqué sur la peau ; mémoire sensorielle.

« Un chat gratte la porte
Une mie frappe à la fenêtre
La pluie tombe sur la gouttière
Le temps s'égrène au rythme de l'horloge... immobilité
Et puis des pas dans l'escalier, une porte qui s'ouvre, la rue, des passants marchant d'un rythme soutenu et identique, un escalier dévalé, un arrêt devant le bar-tabac, et puis ça repart, le bus,
le métro. Toujours plus de monde, la pluie, un passage de plus en plus difficile dans la foule.
Un travelling aérien, nous étions au-dessus d'une fourmilière...
Soudain, elle explose... alors, je me réveille... son ronflement (le chat) le son de sa guitare...
Du soleil, une jupe qui virevolte, un chapeau de paille
Une table avec du vin
Une sensation de légèreté
Son sourire. »

Il existe plusieurs approches de la perception musicale :

— *psychoacoustique* : comment les sons sont perçus ;

— *acoustique* : caractères physiques, ce qui constitue des sons ;

— *sémiotique et sémantique* : fonctionnement et signification des sons ;

— *esthétique* : qualités émotionnelles et affectives.

Cependant, deux sons peuvent être identiques et n'avoir pas la même signification, ni produire les mêmes impressions esthétiques. À l'inverse, deux sons tout à fait différents par leurs caractères physiques peuvent signifier la même chose et produire le même effet esthétique.

Il convient donc d'étudier chez nos patients à la fois :

— les caractères psychoacoustiques de la musique, un par un : rythme, intensité, timbre, hauteur, harmonie et mélodie,

— les caractères psychoacoustiques de la musique au sein d'une entité musicale où leurs propriétés spécifiques seront soulignées par leur nécessaire interdépendance.

Nous devons également garder à l'esprit l'interférence constante entre les paramètres objectifs et subjectifs intervenant dans toute perception. Par exemple, si nous écoutons un solo de clarinette dans un orchestre de jazz, il est objectivement moins fort que la masse sonore globale des autres instruments, et pourtant nous l'entendons mieux de façon subjective. Le volume sonore mesurable est loin d'être le seul facteur d'analyse de l'intensité ; heureusement d'ailleurs car, dans le cas contraire, il nous serait très difficile de supporter ne serait-ce que les bruits de la circulation en ville, par exemple.

En Occident, la flûte est souvent associée à une couleur claire, au jaune, au vert clair ; quant à la contrebasse, son timbre va être défini au niveau des couleurs par du marron, du noir ou bien du rouge. Malgré les nombreuses études qui ont analysé les liens entre les fréquences des sons et des couleurs, nous nous rendons compte que si le cerveau associe de façon systématique les sons, les couleurs, les odeurs, les sensations tactiles, gustatives olfactives, les formes, les volumes et les souvenirs de la personne qui perçoit, nul n'a encore pu élaborer une grille objective de ces analogies, de ces correspondances, car elles varient à l'intérieur d'un groupe d'individus présentant sensiblement les même codes culturels.

Cependant, lors de l'analyse des dessins réalisés au cours de ces programmes d'écoute, nous remarquons combien cette étude des caractéristiques d'écoute révèle un vocabulaire commun en matière de perception, nous permettant de diagnostiquer la façon dont l'auditeur entend, progresse, analyse et crée des liens.

Ce vocabulaire sera étoffé et enrichi au cours des séances, afin d'ouvrir des formes d'écoute et d'analyse plus riches, mieux adaptées aux dyslexiques qui vont affiner, développer leurs capacités à se repérer dans le monde de l'écrit.

Si l'on considère l'apprentissage de la lecture, de la syntaxe, de la correspondance entre phonèmes et graphèmes, et des conjugaisons, d'un point de vue purement technique, on a du mal à comprendre pourquoi les dyslexiques apprennent très bien les règles de la langue écrite sans pour autant les appliquer de façon satisfaisante. Sur leurs modes d'apprentissage se greffent d'autres paramètres, plus subjectifs, qui répondent à une approche globale. Comment stockent-ils les données ? Comment organisent-ils leurs repères temporels et spatiaux ? Comment font-ils les liens entre l'application des règles apprises dans un certain contexte et leur généralisation ? Nos recherches s'orientent vers des analyses de plus en plus élaborées, afin d'établir une meilleure collaboration avec les rééducateurs et les enseignants.

Le programme d'écoute est constitué par un ensemble de morceaux[1] agencés de façon à permettre à l'oreille d'entendre le plus de détails

1. Musiques traditionnelles, jazz, free jazz, contemporaines (sans effets électro-acoustiques) ou pop-rock, musiques vivantes composées et improvisées.

possible. Il est élaboré par nous et proposé à nos patients afin de les entraîner à percevoir de façon plus fine le monde sonore qui les entoure. Nous leur jouons parfois de la musique afin de leur procurer plus de plaisir et leur permettre d'être plus attentifs à ce qui se passe, tant au niveau visuel qu'auditif. Les programmes sont souvent constitués de 5 morceaux :

— le 1er morceau est destiné à échauffer l'oreille ; il peut s'agir de musiques diverses, assez faciles à écouter (cela dépend bien entendu de l'auditeur) ;

— le 2e demande plus d'attention, car il met en jeu des musiques plus riches, introduisant un traitement particulier de certains paramètres psychoacoustiques ;

— le 3e est choisi en fonction, notamment, de son contexte social et culturel. Il met également en exergue certaines particularités de son ou de ses interprètes, afin de permettre à l'auditeur d'augmenter ses capacités d'écoute au niveau de l'oreille, par un travail des muscles de l'étrier en particulier qui, par manque d'entraînement et d'éducation ont tendance à s'atrophier et à fonctionner bien en deçà de leurs possibilités ;

— le 4e doit compléter le 2e morceau en apportant soit le développement d'une de ses composantes, soit une ouverture sur une qualité musicale peu présente dans celui-ci ;

— enfin le 5e permet à l'auditeur de retrouver ses repères auditifs, spatiaux et temporels sans pour autant relâcher complètement son attention auditive ; c'est en quelque sorte le dessert du programme.

Cette description succincte de notre programme musical ne permet en aucun cas de l'appliquer tel quel. Son concept a le mérite de développer l'oreille et la culture musicale de l'individu. Cette pratique permet de rééduquer et de stimuler les régions qui ne réagissent pas toujours chez le dyslexique, de le rééduquer par l'analyse des composantes musicales et la description des paramètres subjectifs inclus dans la musique. Elle aide le dyslexique à résoudre ses troubles d'encodage et de décodage du langage écrit, à mettre en place de nouvelles stratégies mnésiques et sensorielles afin d'appréhender différemment et avec succès la lecture, l'orthographe, les règles de lecture, la syntaxe, les conjugaisons.

Il est bon d'éduquer son audition tout au long de sa vie car l'acuité auditive joue un rôle primordial dans la perception du monde qui nous entoure, dans la compréhension des stimulations auditives de plus en plus présentes, dans la capacité à nous défendre des agressions auditives que nous subissons sans grande résistance et qui mettent en péril notre équilibre nerveux. La presbyacousie (troubles de l'audition consécutifs au vieillissement) des personnes plus ou moins âgées nécessiterait d'être non seulement appareillée, mais aussi éduquée car si l'on augmente l'acuité auditive par une éducation à mieux percevoir les sons, à diriger son attention auditive plus facilement lors d'une conversation malgré les bruits ambiants, on aide la personne à mieux se repérer dans l'espace-son dans lequel elle se perd le plus souvent.

Toute la musique du monde doit nous permettre d'apprendre à entendre sans jamais avoir besoin d'appareils qui filtrent les sons musicaux ou de musiques électroniques qui ne présentent pas les qualités nécessaires à stimuler nos sens et notre cerveau.

Il suffit d'écouter, d'apprendre à entendre et de développer tous ses sens à travers les œuvres musicales du monde entier. À l'heure ou l'Internet déferle dans nos foyers, les musiques diffusées par les radios et les télévisions nourrissent l'oreille au pain sec et à l'eau. C'est finalement une chance pour le dyslexique de passer par cet apprentissage artistique pour se rééduquer et accéder au code écrit. Ce travail est bien entendu plus complexe qu'une rééducation orthophonique traditionnelle ; il présente l'avantage d'offrir au sujet une palette d'exercices et cela dans des disciplines à la fois différentes et complémentaires.

Un travail sur l'écoute développe l'analyse des ingrédients composant les sons musicaux, parlés ou écrits, sur le plan de la compréhension, de l'expression, des émotions, de la mémoire sensorielle, des synesthésies.

Lorsque nous entendons une musique ou des sonorités, notre cerveau produit des images, des couleurs, des odeurs, des liens très riches entre les diverses aires associatives qui le constituent, afin que nous les analysions, les stockions. Grâce au Dr Étévenon à l'hôpital Sainte-Anne à Paris, nous avons pu mettre en évidence, combien l'écoute de programmes musicaux, conçus à partir de musiques traditionnelles, composées et improvisées — mais surtout pas à partir de musiques électroniques conçues sur ordinateur et synthétiseur —, stimule de façon globale le cerveau, les perceptions sensorielles et la mémoire. Ouvert et soucieux de la rigueur d'une telle expérimentation, ce médecin a d'ailleurs agréé nos recherches et nous a chaleureusement encouragés à poursuivre cette démarche, à condition d'y adjoindre un travail corporel ainsi qu'une pratique artistique spécifique.

Tels des œnologues capables de reconnaître et d'analyser les vins avec précision, à partir de toute une éducation à la fois sensorielle et théorique, nous pouvons, à travers les sons, travailler la capacité de décoder toute une palette de données, de sensations, d'émotions, d'analyser leur provenance, de définir leur enveloppe, leur spécificité. Cela nécessite une éducation et un travail personnels que l'on propose aux patients afin de leur donner les moyens de décoder les différentes formes que peuvent prendre le langage et l'expression, de les maîtriser, de les recréer au quotidien.

Le cerveau du dyslexique ne semble pas différent des autres, il comporte les mêmes zones d'analyse, les mêmes régions de décodage et d'encodage du code écrit pourtant, il utilise de manière singulière ses hémisphères cérébraux et son corps calleux ; les informations y circulent différemment — certains diront alors qu'il souffre de dysfonctionnement.

Tout en respectant ce point de vue, nous préférons suivre notre intuition qui nous incite à travailler avec ces personnes dyslexiques comme si elles étaient tout simplement capables de divergence, de détournement des informations ; elles créent des circuits neurologiques pouvant paraître insensés, pourtant d'une logique bien ancrée mais si différente de la nôtre qu'elle demande un réel effort d'adaptation pour créer des ponts entre nos deux mondes.

Cette démarche est fondée sur une curiosité insatiable et l'acceptation de l'autre avec ses particularités. Confrontés à l'apprentissage de disciplines artistiques, sportives et corporelles diverses, les dyslexiques comme les non-dyslexiques doivent appréhender le langage enseigné dans sa globalité, ce qui a le mérite de mettre en valeur chez les uns comme chez les autres des talents très différents.

Lors des stages destinés à la rééducation d'adolescents et d'adultes dyslexiques et à la formation des orthophonistes, il n'est pas rare de constater que celles-ci sont plus à l'aise au niveau de l'expression orale et écrite, de l'analyse du langage, de la succession temporelle des exercices et de la temporalité des consignes. En revanche, les dyslexiques sont remarquables dans les domaines de la perception de l'espace en trois dimensions, de la créativité pure, de la forme des images linguistiques ou autres, de la convivialité, de la conscience du groupe, de l'élaboration de partitions alliant à la fois le rythme, l'espace, le geste et, bien sûr, les sens. C'est pourquoi la confrontation de ces deux populations au sein d'une même formation constitue une des particularités de notre travail.

À l'annonce de ces stages mêlant orthophonistes et dyslexiques, ces derniers manifestent une certaine méfiance teintée de colère et de tristesse ; la présence d'orthophonistes évoque en eux le souvenir de tous les mercredis — ou jeudis, pour les plus anciens — volés à leur enfance sans apporter de solution définitive à leur problème. Les orthophonistes, elles, manifestent trois sortes d'attitudes : les unes, avides d'expériences nouvelles, se lancent dans l'aventure avec un enthousiasme communicatif, d'autres le font avec une curiosité amusée, enfin, les plus sceptiques ne peuvent imaginer pouvoir apprendre de leurs patients et sont presque vexées à l'idée de faire partie de groupes aussi hétérogènes.

Un des avantages de ces réunions est la mixité, non seulement au niveau des fonctions mais aussi des sexes : les dyslexiques sont plus souvent des hommes, les orthophonistes des femmes. La prise de conscience de leurs différences amènent les participants à s'étonner de certaines découvertes, sources d'enrichissement mutuel. Cela donne lieu à des moments d'hilarité et de plaisir partagé dans un climat de confiance réciproque. Les dyslexiques apprennent à se rééduquer eux-mêmes : cette approche est tout à fait excitante et stimulante car ils se sentent investis d'une responsabilité nouvelle. Une fois ces bases retrouvées, consolidées et stabilisées, les apprentissages peuvent se faire, la rééducation prend un sens, les résultats scolaires s'améliorent, l'enfant devient autonome, les parents sont enfin rassurés.

Ce travail d'éducation et de rééducation nécessite à peu près une année, s'il est pratiqué dans de bonnes conditions de pluridisciplinarité avec la participation du corps enseignant.

Quel que soit l'exercice ou la pratique proposée, nous installons plusieurs formules pour échanger avec nos patients :

— un entretien afin de donner le plus d'informations possible, à partir de critères objectifs et subjectifs inhérents à l'acte de percevoir,

— une observation et une étude des textes ou des dessins réalisés,

— une lecture analytique de ces productions, mise au point par l'équipe de professeurs de l'association Puissance Dys, qui nous permet de contrôler au fur et à mesure les progrès des patients, sur le plan de l'écoute, de la perception et de l'expression orale et écrite.

Ils communiquent entre eux à partir de leurs productions et avancent ensemble sur des thèmes concrets proposés par leur professeur : le rythme, l'amplitude, les masses sonores et la conscience phonologique, la hauteur et les registres, l'intensité, les timbres, les règles de lecture, les conjugaisons, les notions catégorielles... Nous les invitons à créer soit une chorégraphie, soit un dessin, soit un texte sur un thème proposé, mettant en évidence leurs façons de traiter les informations linguistiques, émotionnelles, catégorielles contenues à la fois dans la musique et dans le langage.

Grâce à ces stimulations et à la grande liberté qui leur est offerte, ils pourront exprimer librement des sensations, des émotions. Par ce travail sur la rétention des informations, ils parviennent à transformer dans l'instant ce qu'ils viennent de vivre, à se l'approprier, à s'en servir en l'associant à un vécu personnel.

Voici quelques productions obtenues après une écoute de programmes musicaux ou de prestations de musiciens, en situation privilégiant notamment l'analyse et la compréhension des rythmes impairs (formés d'un cycle de tempo impair : 3, 5, 7, 9...) :

S., 10 ans, écrit le texte suivant :

fidélité, c'est
la fidélité c'est un
la fidélité c'est un mot
la fidélité c'est un mot au passé
c'est un mot au présent et au futur
la fidélité c'est comme de l'ortho, invariable.

L'occupation de l'espace ressemble pour S. à une pyramide, elle m'explique qu'elle l'a fait exprès car elle se passionne pour l'Égypte ; on note l'absence de fautes d'orthographe alors que cette enfant souffrant de dysorthographie entame à peine sa 12e séance de rééducation. Elle réussit à trouver un style d'écriture personnalisé, à jouer avec les mots, à utiliser l'espace sur la feuille — elle qui écrit en général sur la ligne —, sans oser faire de ratures, sans dépasser.

Cette prise de liberté chez une enfant qui, habituellement, ne se permet pas la moindre fantaisie, le charme et l'humour qu'elle fait passer dans son message sont tout à fait réjouissants.

La période au cours de laquelle l'enfant s'approprie les règles de la langue pour se faire comprendre constitue l'avant-dernier stade de la rééducation. C'est le moment où il devient capable non seulement de noter la différence entre les fautes habituelles qu'il commence à maîtriser et l'orthographe usuelle qu'il respecte avec de plus en plus de facilité et de plaisir. Il acquiert alors les moyens lui permettant de dompter l'orthographe quand il le souhaite tout en s'autorisant parfois à faire des fautes et des fantaisies linguistiques propres à sa personnalité.

N., 13 ans, dansa une chorégraphie extrêmement lente, faisant participer toutes les fibres de son corps, anticipant même parfois de quelques secondes la musique dont il maîtrisait parfaitement les modulations rythmiques.

En plus de l'attention, de l'écoute de soi et des autres, qualités nécessaires à toute communication, la maîtrise du geste dans une chorégraphie en harmonie avec des données mélodiques et rythmiques élaborées favorise l'aisance en lecture.

Il nous a raconté qu'une semaine après sa modeste prestation devant le groupe, il a osé, devant la classe, sans hésitation et même avec plaisir, lire un texte qu'il comprenait parfaitement. Il a alors été applaudi ce qui l'a comblé d'aise et lui a donné confiance.

Avant, lorsqu'il essayait de lire, il butait contre les mots, « Comme si je me heurtais en permanence à de gros rochers, comme si je devais escalader sans cesse de nouveaux pics, nous a-t-il expliqué, ce qui l'épuisait et le décourageait. Aujourd'hui, poursuit-il, je surfe sur les lignes et glisse de page en page, je me sers des mots et de la ponctuation pour rebondir, j'entends le vent de la mélodie du langage me raconter l'histoire, je deviens un véritable aventurier, à la conquête du monde entier, et de tout le cosmos. »

Ces impressions de glisse et de surf nous ont également été rapportées par un adulte dyslexique avec beaucoup de poésie. Certaines images constituent une véritable aide pour les dyslexiques ; elles leur permettent d'exprimer leur pensée avec clarté et élégance et de constituer une banque de données qui leur est propre et leur donne les moyens de traduire leurs sentiments, sensations et émotions de façon originale, loin des sentiers battus.

A., 15 ans, T., 9 ans et J., 7 ans (voir cahier photo pages 2 et 3), produisent des dessins tout à fait représentatifs de l'émergence, chez le dyslexique, de sa perception du monde, à 360 degrés. Si l'on joint les deux extrémités de chacun des dessins de façon à former un cylindre, on note une harmonie laissant à penser qu'ils ont conçu ces dessins dans ce sens et non sur le plan horizontal. Ce phénomène est très impressionnant en début de parcours, mais il n'est pas exceptionnel chez ceux qui abordent la seconde moitié de leur rééducation.

Lorsque les dyslexiques éliminent les fonctions compensatoires mises en place pour lutter contre leurs troubles, ils manifestent leur propre mode de pensée, de raisonnement et d'analyse, notamment du langage écrit, à travers la production de plus en plus spontanée de dessins, de textes et de poésies.

Toutes ces réflexions amenèrent trois de nos jeunes patients à définir l'importance des sens en général, du son et de l'amour dans cette démarche.

Ils baptisèrent alors cette méthode *Sensonaime* (sens, son, aime) et nous expliquèrent : « Les sens parce que nous apprenons à lire avec nos yeux, nos oreilles, notre goût, notre odorat, notre toucher, notre intuition et nos souvenirs ; les sons parce qu'ils se mélangent tout le temps dans notre tête ; l'amour, parce que, sans amour, on ne fait jamais rien de bon. »

Cette appellation nous réjouit car elle résume naïvement mais avec justesse les moyens utilisés dans notre méthode pour déclencher des processus de changement et arriver à des résultats satisfaisants.

La corrélation des sons et des couleurs est très ancienne, elle fait partie des grilles d'analyse médicale en Asie, en Inde et en Afrique depuis bien des années. Elle est associée à la danse, à la capacité à mémoriser (l'histoire d'une tribu par exemple), à l'architecture...

De nombreuses thérapies ont tenté, partout dans le monde et de tout temps, de mettre en place des grilles de correspondance entre les sons et les couleurs en se fondant sur l'échelle des fréquences. L'erreur des Occidentaux contemporains, contrairement à leurs aïeux et à l'inverse des Asiatiques et des Orientaux, consiste à généraliser et à spécialiser à l'extrême une découverte, en omettant de la relier au contexte culturel, social, religieux et personnel de l'individu. Cela mène le plus souvent à des déceptions amères, car aucune théorie dans ce domaine n'est fiable à 100 %, elle dépend de plusieurs facteurs : le moment, le contexte et l'évolution tant des symptômes que de la personne qui les développe. Cependant, cela présente au moins l'intérêt de nous fournir des grilles de lecture plus variées quant à l'interprétation, notamment, des dessins des patients, puisque, au sein de notre culture, nous possédons en matière artistique des codes communs bien définis. Nous observons souvent l'apparition du jaune lorsque les personnes se mettent à écouter, au début de la rééducation tout du moins ; est-ce parce que le jaune est surnommé la « couleur de la communication » en raison de sa fréquence facilement perceptible par l'oreille ainsi que par l'œil ? (voir cahier photo p. 4).

Les traces de ces dessins et de ces textes, réalisés au cours d'ateliers d'écoute, de chant, de rythme et de mouvement constituent une signature riche en informations, elles évoluent vite au fur et à mesure de la rééducation. Nous en analysons régulièrement les contenus, afin de découvrir de nouveaux outils et d'établir de nouvelles pistes pour la suite de la progression.

Si nous observons le dessin de B. (voir cahier photo p. 4), voici ce que nous pouvons remarquer :

— elle est en train d'accéder au langage écrit et de le reconnaître comme un véritable moyen de communication ;

— elle ne peut être attentive, centrée et dans un état d'écoute satisfaisant que si elle baigne dans un univers de bruits, en présence soit d'un animal, soit d'un ou de plusieurs êtres humains, sans que ceux-là ne s'intéressent de trop près à son travail ;

— elle commence à faire le lien entre la complémentarité des rythmes contenus dans le langage écrit et la danse, qu'elle pratique par ailleurs en activité extrascolaire. Nous allons lui parler de ce résultat afin de lui apprendre à se servir de cette connexion pour développer notamment la fluidité en lecture. Elle devra très vite ancrer ces nouveaux acquis pour améliorer ses résultats scolaires ; à la maison, nous veillerons à ce qu'elle lise spontanément, avec plaisir, comme en témoigneront ses parents ;

— sa conception spatiale est celle d'une dyslexique qui s'épanouit, elle est logique et équilibrée ; elle demande à être complétée par une meilleure analyse des reliefs ;

— elle n'a plus besoin de stimulus avant de démarrer une consigne, elle devient capable de décider seule ;

— nous lui ferons travailler l'exercice « l'alphabet avec le corps », car elle confond encore certains sons, et ce devant une glace afin d'ouvrir son analyse spatiale des lettres vers une autre dynamique et vers d'autres plans, la symétrie par exemple. La correspondance entre les phonèmes et les graphèmes devient cohérente, à condition que cette enfant s'intéresse à ce qu'elle écrit, car son rythme graphique d'écriture doit être amélioré (au moins par le mouvement) ;

— nous encourageons ses parents à lui permettre de bricoler, de construire des objets variés car elle a besoin d'explorer en pratique une façon de percevoir qui est la sienne, mais qu'elle découvre peu à peu.

Ces remarques sont succinctes et nous ne pouvons entrer dans le détail, il est bon néanmoins de rappele que toutes ces observations prennent leur véritable sens lorsque nous les rattachons aux formes d'analyse que nous pratiquons simultanément : la posture de l'enfant au fur et à mesure qu'il dessine, sa verbalisation, sa façon de se relier au monde qui l'entoure et de faire le lien avec son monde intérieur... Tous ces renseignements nous servent à affiner, en regard du processus thérapeutique initial, les outils que nous proposons à nos patients, avides d'apprendre et de progresser.

Être à l'écoute du patient dyslexique nous donne

toujours des clés ou des voies d'accès à ses mécanismes d'apprentissage et nous permet d'élaborer une rééducation sur mesure, rapide et ludique ; si nous nous privons de cet apport inestimable, la rééducation risque de s'éterniser, la motivation du patient et de l'équipe pédagogique et thérapeutique de s'émousser.

Lorsque nous proposons aux dyslexiques d'écrire, à partir d'une écoute ou bien spontanément, après un atelier artistique ou orthophonique, nous obtenons généralement :

— moins d'erreurs en orthographe,

— une évocation linguistique plus riche et plus précise qu'à l'accoutumée,

— une créativité plus grande pour inventer des histoires, des poésies, des dessins, des sculptures ou des collages,

— une envie irrépressible de lire ou d'expliquer ses productions au groupe, très attentif et intéressé par la beauté et la richesse des productions de chacun.

Le dyslexique ne souffre pas seulement en français, mais dans la plupart des matières, car il n'est pas rare que les maîtres et professeurs soient féroces pour l'orthographe, quelle que soit la discipline : sciences, histoire, géographie, maths, éducation civique ; il n'y a que dans les disciplines artistique, en éducation physique et sportive, et parfois en technologie que le dyslexique est épargné. Cette pratique fait penser à un système qui pénaliserait un paraplégique parce qu'il ne peut courir en gymnastique ou qu'il ne se déplace pas assez vite à l'intérieur de l'établissement…

Les enfants souffrant de troubles sévères de dyslexie constituent, semble-t-il, 4 à 5 % des personnes qui présentent des troubles d'apprentissage de la lecture et de l'écriture (8 à 12 %). Pourtant, ils ont tous besoin d'une éducation et d'une rééducation appropriée, qu'ils soient dyslexiques, dysorthographiques, dysgraphiques, dyscalculiques, dysphasiques ou qu'ils présentent des troubles neuropsychologiques du langage oral et/ou écrit. C'est pourquoi un dyslexique rééduqué, conscient de s'être forgé une autonomie, un état d'esprit, un savoir-faire et une capacité à communiquer tant à l'oral qu'à l'écrit ressent le besoin de faire connaître à ses camarades et à ses professeurs ce qui le différencie ; il se découvre des qualités pédagogiques pour aider les enfants de sa classe concernés par le même handicap. De ce fait, il peut mettre en lumière les avantages à être dyslexique et redonner l'espoir.

Notons l'inventivité d'un jeune dyslexique après l'écoute de « L'ouïe [1] » dont voici le texte.

« Entre le repos et la lutte
l'ouïe dresse l'édifice de son filtre
Alimente les foyers de la force
le veilleur et le somnambule l'interrogent
Maîtresse du passé, elle suscite
la tendresse du père et de la mère
En silence elle exhale les sensations
souffle vigoureusement où naissent les idées.
Elle extrade toutes les influences
et mesure tous les cris vibrant à l'approche du son
son chant réveille les arbres, elle repose
le sommeil dore les rumeurs des saisons.
Et la campagne l'accueille l'été s'échauffe
pour son bonheur

1. « L'ouïe », texte de J. Métellus, musique de B. Sauvageot, chanté par le groupe Anacaona.

YVAN l'ouie

L'ouie de l'oie a entendue de la bouche d Loui un oui.
imprevu. L'oie surprise par se OUI fit fut volte face a LOUI qui entendu
grace a son ouie un drole de broui. L'oie pris ses jambe a son cou et partie
dans les bois en poussan un ouia ouia !!! Surpri l'ouie Loui s'exclame
et dis Oie revien la. La ouie de L'oie ces mots entendus et l'oie
trebucha et tomba. Et ossi l'oui de l'oie trois l'oie et cite premier
louie qui parla a aute vois Mon oie etons entendé vous cela !!! Cette trajile istoire
de loi de Loui. aprent que il ne est tombé
Quarandelle apartien a Loui. bos jamais panise l'ouie de Lou l'oie surtout

Elle proclame l'unité tout brûle pour ses délices
le soleil impérieux couronne sa joie
la rosée nourrit les hirondelles et prodigue son suc
L'alouette chante la vie est une
ainsi parlait la fleur des sens.
Innocence du corps embrassant la vie
Explosion d'ombres et de feux
Lieux mouvants et triomphants. »

Y., 12 ans, avait pour consigne d'écouter ce chant à loisir, de s'inspirer de la palette de timbres et de mots qu'il entendait afin de créer ses propres timbres et paroles, en exprimant son ressenti ; les fautes d'orthographe, de syntaxe et d'usage étaient acceptées, voire souhaitées, s'il était capable de revendiquer leur bien-fondé linguistico-dyslexique :

« L'ouïe
L'ouïe de l'oie a entendu de la bouche de Louis un oui imprévu.
L'oie surprise par ce oui fit volte-face à Louis qui entenda grâce à son ouïe un drôle de bruit. L'oie pris des jambes à son cou et parta dans les bois en poussant un croa croa !!! Surpris, Louis s'exclama et dit : « Oie, reviens-là ! » L'ouïe de l'oie entenda et l'oie trébucha et tomba. Eh oui, l'ouïe de l'oie trahie l'oie et cet acte paniqua Louis qui parla à haute voix : « Mon oie, entendez-vous cela !!! cette tragique histoire de l'oie de Louis apprend qu'il ne faut jamais paniquer l'ouïe de l'oie, surtout quand elle appartient à Louis. »

On peut admirer la capacité de Y. à jouer avec les allitérations et la joyeuse liberté qu'il prend à écrire.

Un travail corporel

Les techniques de travail corporel que nous proposons sont diverses et variées : eutonie, taï-chi, arts martiaux, théâtre gestuel, danses d'expression africaine... Ces pratiques permettent une prise de conscience corporelle, une diminution des tensions, une meilleure circulation de l'énergie, une ouverture des canaux perceptifs et sensoriels, ainsi que le maintien de l'attention, et cela sans effort, au cours de situations variées de la vie quotidienne.

Les patients sont dynamisés, la mise en mouvement développe l'attention et la conduite du regard dans la lecture. Lorsque le regard se pose et suit avec précision des points dans l'espace, le texte lu devient rythmé harmonieusement. Il est moins saccadé, plus compréhensible. L'apprentissage de structures chorégraphiques ouvre des portes pour l'acquisition d'une mémoire globale, à la fois pallesthésique et kinesthésique. La danse diminue les tendances de ces patients à être soit dispersés, soit agités.

De même des exercices d'improvisation à partir de mouvements, de mots, de textes et de chants contribuent à donner toute son ampleur à la capacité innée de ces sujets à gérer et à développer plusieurs activités à la fois, sans pour autant perdre le fil d'une consigne ou d'une harmonie globale dans le déroulement de ces performances où le début et la fin doivent être bien signifiés. La mémoire du travail réalisé peut alors s'inscrire dans un ensemble gratifiant. À partir des bases du théâtre gestuel, les patients composent une partition incluant un texte, une mélodie, une chorémraphie, un rythme, qu'ils vont soit interpréter, soit donner à exécuter à un ou plusieurs autres participants.

C., 8 ans, n'a pas supporté une punition qui lui avait été, selon ses dires, injustement infligée, il devait copier 200 fois « je n'écoute pas, je bats la campagne ». Voici ce qu'il écrivit :

« Vous me copierez 200 fois le verbe je n'écoute pas, je bats la campagne
je bats la campagne
tu bats la campagne
il bat la campagne à coups de bâton
la campagne, pourquoi la battre,
c'est ma seule amie la campagne
il ne faut jamais battre la campagne
on pourrait casser un nid, et ses œufs
on pourrait briser un iris, une herbe
il ne faut jamais battre la campagne. »

Le maître fut clément, touché par la créativité et les sentiments de son jeune élève.

Les arts plastiques

Au sein des ateliers d'arts plastiques, petits et grands abordent les techniques de construction de masques, les collages, le dessin, la peinture, le modelage... Les dyslexiques adorent manipuler les formes, jouer avec les couleurs ; ils abordent avec plaisir et confiance ces domaines, dans lesquels leurs aptitudes sont reconnues par la famille et par l'école.

Voici des productions d'adultes et d'enfants ayant participé à des stages liant le travail corporel, orthophonique et musical :

R., 10 ans, exprime par un humour particulier son opinion sur la façon dont sa maîtresse le considère en classe sous forme de bande dessinée ; nous notons que lorsqu'il écrit « bouse » au lieu de « douze », il répond sur le mode du dyslexique qui confond les sons *b* et *d*, ce qui n'est pas rare et laisse perplexe son enseignante (voir cahier photo p. 4).

Quant à C. (cahier photo p. 1), elle met en scène à partir d'un quadrillage, toute une vision du monde en plusieurs dimensions, alliant le temporel à l'affectif. Elle nous explique que, pour elle, ce dessin représente l'attention panoramique du dyslexique, qui pense à plusieurs choses à la fois et a besoin d'associer des images, une histoire, des couleurs et des sons pour être en phase avec ce qui l'entoure.

S., 9 ans et demi, à qui on proposait de définir sa conception du masque, écrit ce texte comportant 4 fautes seulement, chez une enfant qui collectionnait encore quelque 40 fautes en dictée à l'école :

> « Le masque
> Le masque n'est qu'une façade
> mais le masque que tout le monde porte est-il réel ou irréel,
> moi je crois que, si on le veut, on peut le briser mais il ne faut pas trop attendre,
> sinon ça fait mal.
> Le masque représente le mensonge. »

L'effervescence actuelle des parents, des enseignants et des institutions pour contrer la dyslexie rend d'une urgence manifeste la méthode Sensonaime fondée sur l'observation du dyslexique en action. C'est pourquoi toutes les activités artistiques doivent être mises au service de la vie, convoquées dans cette démarche au service de l'homme.

Tout travail sur l'écoute aboutit inévitablement à

l'imprégnation et à la modification de celui qui écoute et aussi de celui qui est écouté. En effet, la disposition de l'auditeur de musique ou de paroles — par ses moyens de communication disponibles — n'est jamais exactement la même avant et après l'intervention de ces phénomènes dans son univers. Il se produit inévitablement un travail positif ou négatif — d'acceptation ou de rejet — chez au moins un des partenaires du dialogue. L'écoute rend toujours le corps sensible, disponible, ouvert et réceptif, surtout quand elle a été pratiquée dans un but thérapeutique ou même simplement dans un but d'aide altruiste.

La musique est précisément l'art qui suppose en premier lieu l'écoute et participe à une certaine amélioration du confort mental, psychique et psychologique de l'individu. Par les vertus de la poésie ou d'une prose rythmée, la parole peut aussi jouer ce rôle et participer ainsi du même processus. Tout le corps humain constitue une sorte de caisse d'enregistrement même si l'individu n'en prend pas toujours conscience. En réalité, tout s'interpénètre comme le dit Marcel Jousse, le grand anthropologue du geste.

Les arts (poésie, peinture, musique, sculpture, danse) ont un intérêt pratique dans l'application de la méthode Sensonaime. De l'analytique à l'holistique, telle est cette démarche associant le langage digital (selon Watzlawick) et le langage analogique. Le langage digital peut être décomposé en éléments porteurs d'information. Il est utilisé pour le raisonnement, l'information, la description et l'explication. Le langage analogique vise à susciter des sentiments, à faire naître des images et des impressions : les mots et les phrases sont choisis plutôt pour leur sonorité et leur rythme que pour leur contenu sémantique ; ils sont porteurs de métaphores. C'est pourquoi les dyslexiques qui accèdent par cette « éducation-rééducation » à la poésie, au rythme, au chant, au mouvement, aux arts plastiques et à l'improvisation s'éveillent à une dimension du langage qui leur donne envie d'épouser les chemins du geste poétique.

De l'art qui éduque

L'art en général, si étonnamment riche, divers, varié, est le reflet de la société et peut donc aider les membres de cette société y compris les plus démunis ou les plus handicapés. Aucun artiste appelé à participer à une réunion à visée rééducative ne s'est jamais dérobé.

Les arts plastiques, décoratifs, la chorégraphie ainsi que la musique peuvent aider ceux qui veulent appliquer Sensonaime. L'enfant est un mimeur par excellence. Il doit pouvoir mimer tout ce qui est favorable à son épanouissement, comme le disait Jousse : « Dans l'enfant comme dans l'homme, pas de psychologie pure, pas de physiologie pure : un composé humain. Ni corps ni âme séparés, mais une union consubstantielle de ces deux éléments que nous n'avons pas le droit de découper. Et la caractéristique de cet être global, total, c'est le mimisme [1]. » Ou encore : « L'anthropologie doit tendre une main fraternelle à la psychologie pédagogique. L'une et l'autre ont à résoudre un même problème en face des mêmes faits. Une des premières tâches de l'anthropologie, ajoutait-il, c'est d'observer comment l'enfant s'épanouit et se modèle spontanément face au réel. La pédagogie devrait faire de ces lois anthropologiques une

1. In *L'Anthropologie du geste*, Gallimard, 1974.

codification très souple et très fine afin de guider délicatement l'enfant sans le mutiler, ni le fausser. »

Il voulait faire comprendre à ses élèves à quel point une pédagogie trop exclusivement livresque appauvrit l'enfant en faisant de lui un « verbigérateur » et un « plumitif » et soulignait la nécessité de créer une pédagogie qui tienne compte et tire parti de toutes les richesses gestuelles de l'enfant, en partant toujours de la loi fondamentale du mimisme.

Le mimisme est une chose purement instinctive. C'est pourquoi, au début, l'enfant n'est pas imitateur, il est purement mimeur. Ce n'est pas qu'il veuille jouer, il « est joué ». D'où la force de l'exemple, car « l'enfant reçoit, l'enfant enregistre, l'enfant rejoue, sans même s'en douter. L'imitation volontaire vient ensuite ».

Le geste est aussi naturel que la parole est artificielle. Les organes de la parole sont des organes d'emprunt primitivement conçus pour d'autres usages : les poumons, le larynx, la cavité buccale, les narines, le voile du palais, les lèvres sont des organes nécessaires à la respiration et à l'alimentation, et leurs fonctions s'exercent très tôt dans la vie de l'individu ; la respiration, le cri, la succion, la déglutition se manifestent dès la naissance et font intervenir tous ces organes. C'est au terme d'un long apprentissage que l'homme va détourner ces organes de leurs fonctions primitives en vue de la production de la parole. Cette dernière a été rendue possible par la bipédie : les mains libérées assument toutes les tâches que l'extrémité céphalique des quadrupèdes doit accomplir pour la vie ou la survie — recherche de la nourriture, défense, etc.

Aucun organe n'est spécialement prévu pour la parole. Le langage lui-même ne paraît pas être la conséquence d'un déterminisme congénital car, en cas de surdité de naissance, le langage ne se développe pas spontanément ; son acquisition requiert une longue éducation. On connaît le cas d'Helen Keller, aveugle, sourde et muette, qui est parvenue au langage par le canal sensoriel du tact.

Comme on le voit aucun organe n'est indispensable à la constitution du langage, ni l'ouïe, ni la vue, ni le tact, ni la mimique, ni la gesticulation manuelle, considérés isolément. Pour s'installer dans l'homme et se constituer, le langage emprunte les organes libres et disponibles. Il n'y a donc pas de centres innés ou préformés du langage.

Le travail sur le corps est fondamental pour celui qui est privé de la communication interhumaine normale par le langage. Helen Keller accède à l'univers de la communication linguistique grâce au corps et au jeu qu'on peut réaliser avec lui. Pour Helen, écrit Lorena A. Hickok : « Le jeu le plus passionnant c'était tout de même encore le jeu des mains. » Helen ignore évidemment que l'étrangère lui enseigne ainsi l'alphabet.

L'alphabet manuel est un langage par signes. Il a été inventé, au XVIIIe siècle, par un Français, l'abbé de L'Épée, pour que les sourds-muets puissent parler avec leurs mains. En les observant attentivement, on remarque que chaque position des doigts représente une lettre différente.

Il n'est pas très difficile d'apprendre à « parler » avec l'alphabet manuel lorsqu'on voit : il suffit d'observer le modèle et de s'exercer à le reproduire avec les doigts. Mais Helen, qui était non seulement sourde-muette mais aussi aveugle, ne pouvait utiliser que le sens du toucher. Il fallait donc lui frapper dans les mains pour lui apprendre un alphabet qui tenait à la fois de l'alphabet manuel et de celui de Morse. Elle pouvait ensuite, avec ses propres doigts, reproduire les différentes positions apprises et « parler ».

La tâche aurait été longue et désespérée si Helen n'avait pas eu l'esprit aussi vif. Loin d'être une débile mentale, comme le craignait son père, elle était d'une intelligence exceptionnelle. Elle avait une mémoire extraordinaire. En quelques jours, elle apprit à reproduire presque toutes les lettres que lui enseignait Ann. Elle ne les apprenait pas séparément et dans l'ordre : *a, b, c, d*, etc., mais globalement, sous forme de mots. Chaque jour, elle apprenait des mots nouveaux : P-a-i-n, e-a-u, t-a-s-s-e, H-e-l-e-n, p-a-p-a, m-a-m-a-n, b-é-b-é. Ces mots n'avaient alors aucun sens pour elle. Le « jeu des mots » n'était qu'un jeu. Helen était fière d'agiter ses doigts très vite, en faisant toutes sortes de mouvements variés. Cette dépense d'énergie était déjà pour elle, confusément, une manière de s'exprimer.

Ann l'étrangère, l'institutrice, qui, chaque jour, recommençait les mêmes exercices, la regardait et se disait : « Un jour, ces mots ouvriront les portes de ta prison, petite Helen... Je ne sais pas quand, mais nous y arriverons, il le faut ! »

Tous les matins, en allant à son bureau, M. Keller s'arrêtait devant la fenêtre de sa fille pour la regarder. Helen, qui ne le voyait ni ne l'entendait, ne savait pas, bien entendu, qu'il était là. « Comme elle est calme ! se disait-il souvent en la voyant jouer avec ses perles ou avec son crochet. Ce n'est plus la même enfant et c'est déjà un miracle... »

Un matin, il amena Belle, la chienne d'Helen, dans la petite maison. Helen reconnut la fourrure soyeuse de son amie, avec ravissement. Elle la caressa, l'embrassa puis elle s'assit par terre, prit une des pattes de Belle et commença à lui remuer les griffes dans tous les sens.

« Que fait-elle donc ? » demanda le père en regardant par la fenêtre.

Ann qui voyait les doigts d'Helen sourit et répondit :

« Regardez, c'est extraordinaire ! elle apprend au chien à épeler. Elle essaie de lui faire épeler : "p-o-u-p-é-e". »

On a, dans ce récit, la preuve que le corps et son mouvement peuvent suppléer aux sens ; le goût, le toucher et l'odorat peuvent remplacer certaines défaillances.

L'épopée d'Helen Keller, cette petite fille frappée à l'âge de 2 ans par une congestion cérébrale qui la laissa sourde, muette et aveugle, suffit à le prouver.

Depuis le moment où elle réalise que tout a un nom grâce à l'épellation du mot « eau », e-a-u, dans sa main, par une maîtresse téméraire et dévouée, jusqu'aux premiers fragments de correspondance et aux examens passés avec succès, quelle prodigieuse évolution !

Citons un passage d'une lettre adressée à Caroline Derby, l'une de ses correspondantes, après sa visite à l'exposition universelle.

À Miss Caroline Derby. Hulton (Pennsylvanie), 17 août 1893.

« Presque tous les exposants m'ont volontiers permis de toucher aux objets les plus fragiles, et ils ont poussé l'amabilité jusqu'à me fournir des explications sur toutes choses. Un gentleman français, dont je ne puis me rappeler le nom, m'a montré les grands bronzes de son pays. Je crois qu'ils m'ont causé plus de plaisir que toute autre chose à l'Exposition : ils étaient si parfaits que j'avais l'illusion de les sentir sous mes doigts[1]. »

Quelques années plus tard, elle écrivait à une autre correspondante, Mme Laurence Hutton :

« Vous apprendrez avec plaisir, j'en suis sûre, que j'ai passé mes examens avec succès. J'ai subi les épreuves en anglais, en allemand, en français, en grec et en histoire romaine. Toutes ces compositions avaient été données déjà pour les examens d'entrée à Harvard. Je suis heureuse de penser que j'aurais pu m'y faire recevoir. Cette année va être très chargée pour maîtresse et pour moi. J'étudie l'arithmétique, la littérature anglaise, l'histoire de l'Angleterre, l'allemand, le latin et la géographie supérieure. Il faut se livrer à beaucoup de lectures pour préparer les leçons, et comme il y a peu de livres, parmi ceux dont j'ai besoin, qui soient à l'usage des aveugles, il faut que cette pauvre maîtresse me les lise ; et c'est une rude besogne[2]... »

Antérieur au langage articulé de plus d'un million d'années au moins selon certains, le langage mimique est tombé dans le plus grand discrédit. Or une évaluation approximative établie à partir des jeux de physionomie, des attitudes, des divers mouvements des bras, des doigts, des poignets, etc. et de leurs combinaisons, prouve que l'homme peut produire à peu près sept cent mille gestes élémentaires distincts, différents. On est donc en présence d'un capital de symboles mimiques, non seulement

1. Gabrielle Baron, p. 205.
2. Extrait de l'ouvrage *Sourde, muette, aveugle. Histoire de ma vie*, par Helen Keller, 1954, Payot, Paris.

suffisant mais riche et capable de rivaliser avec une langue tout à fait moderne en plein épanouissement.

À partir de ce constat, d'une part l'existence d'un langage mimique antérieur au langage articulé et indépendant de lui ne se discute pas ; d'autre part un pareil système de communication pourrait non seulement suppléer mais supplanter le langage parlé. Enfin, l'homme aurait à sa disposition sur la planète un seul — et commode — système de communication.

Faut-il rappeler ici que la pasimologie, ou science des gestes, a permis au mouvement international des Éclaireurs de réunir au cours de jamborees des représentants de plus de trente-sept nations différentes, où ils ont discuté, par gestes, de problèmes généraux ou tenu des conversations particulières ?

Faut-il, pour montrer l'efficacité du langage gestuel, rappeler que chez les Romains, les comédiens, qu'on appelait *pantomimes,* représentaient des pièces entières sans proférer un seul mot ?

Faut-il rappeler qu'au commencement les hommes ne pouvaient exprimer leurs pensées que grâce aux gestes, aux mouvements du visage et aux bruits inarticulés ? Tout laisse penser que le langage mimique recèle des possibilités insoupçonnées.

C'est à juste titre que Condillac appelle *langage d'action* le langage formé avec tous les signes que nous venons d'évoquer. « Par les gestes, écrit-il, j'entends les mouvements du bras, de la tête, du corps entier, qui s'éloigne ou s'approche d'un objet, et toutes les attitudes que nous prenons, suivant les impressions qui passent jusqu'à l'âme. »

Le désir, le refus, le dégoût, l'aversion, etc. sont exprimés par les mouvements du bras, de la tête et de tout le corps, mouvements plus ou moins vifs suivant la célérité avec laquelle nous nous portons vers un objet ou nous en éloignons.

Tous les sentiments de l'âme peuvent être exprimés par les attitudes du corps. Elles peignent d'une manière sensible l'indifférence, l'incertitude, l'irrésolution, l'attention, la crainte et le désir confondus, le combat des passions tour à tour supérieures les unes aux autres, la confiance et la méfiance, la jouissance tranquille et la jouissance inquiète, le plaisir et la douleur, le chagrin et la joie, l'espérance et le désespoir, la haine, l'amour, la colère, etc.

Le texte de Condillac nous fait toucher du doigt la supériorité du langage gestuel de l'homme par rapport à celui des animaux. Pour pouvoir, en effet, signifier autant de sentiments et même des abstractions, il doit posséder un angle d'ouverture et des degrés de liberté auxquels ne peut prétendre la simple communication animale. Tel qu'il vient d'être défini, le langage gestuel de l'homme peut se déployer dans plusieurs directions et permet d'aboutir à des formes de discours et d'analyse superposables au langage articulé. Marcel Jousse, qui voyait dans l'homme un être spontanément mimeur, adhérait vraisemblablement à la vision que Condillac se faisait du langage gestuel et que celui-ci définissait comme un « langage formé de signes naturels et *artificiels* » (*artificiel* signifiant un choix fondé en raison ; au contraire du mot *arbitraire* qui veut dire sans raison et par caprice, comme d'ailleurs l'indique fort bien Benveniste après Saussure dans son ouvrage *Problèmes de linguistique générale*).

Nous pourrions, par conséquent, rendre toutes nos pensées avec des gestes, comme nous les rendons avec des mots. Pourquoi donc le langage gestuel reste-t-il au-dessous de lui-même ou laisse-t-il l'impression de se heurter à la butée quasi magique du verbe, et cela malgré l'effort de nombreux philosophes, de praticiens, d'anthropologues au premier rang desquels il faut citer, outre Condillac, un précurseur de génie comme l'abbé de L'Épée et un théoricien comme M. Jousse.

L'abbé de L'Épée, de son vrai nom Charles Michel Lespée, dont on ignore volontiers l'œuvre et les œuvres, écrivait au milieu du XVIIIe siècle, déjà à propos de l'enseignement des sourds-muets : « Il ne s'agit que de faire entrer par les yeux dans leur esprit ce qui est entré dans le nôtre par les oreilles. » Marcel Jousse, à notre connaissance, aurait embrassé sans réticence une pareille proposition. Il suffit de se tourner vers les contemporains de l'abbé de L'Épée pour recueillir des témoignages sur ce que fut son enseignement et donc sur l'aide qu'il a pu apporter aux sourds-muets.

Le témoignage le plus éloquent nous vient de Condillac : « M. l'abbé de L'Épée, qui instruit les sourds et muets avec une sagacité singulière, a fait du langage d'action, un art méthodique aussi simple que facile, avec lequel il donne à ses élèves des idées de toute espèce ; et j'ose dire des idées plus exactes et plus précises que celles qu'on acquiert communément avec le secours de l'ouïe. Comme, dans notre enfance, nous sommes réduits à juger de la signification des mots par les circonstances où nous les entendons prononcer, il nous arrive souvent de ne la saisir qu'à peu près et nous nous contenterons de cet *à peu près* toute notre vie. Il n'en est pas de même des sourds et muets qu'instruit M. l'abbé de L'Épée. Il n'a qu'un moyen pour leur donner des idées qui ne tombent pas sous le sens ; c'est d'analyser et de les faire analyser avec lui. Il les conduit donc des idées sensibles aux idées abstraites, par des analyses simples et méthodiques ; et on peut juger combien son langage d'action a d'avantages sur les sons articulés de nos gouvernants et de nos précepteurs. M. l'abbé de L'Épée enseigne à ses élèves le français, le latin, l'italien et l'espagnol ; et il le leur dicte, dans ces quatre langues, avec le même langage d'action. Mais pourquoi tant de langues ? C'est afin de mettre les étrangers en état de juger de sa méthode, et il se flatte que peut-être il se trouvera une puissance qui formera un établissement pour l'instruction des sourds et muets. Il en a formé un lui-même auquel il sacrifie une partie de sa fortune... »

Voici des textes de dyslexiques qui retrouvent le goût de vivre, pas seulement au niveau de l'orthographe :

A., 8 ans, après un travail corporel dans un atelier de chant :

> « Un jour un homme arriva, il était très pauvre, il avait besoin d'espace, beaucoup d'espace. Il vivait très mal, car il avait un studio très très petit. Un jour, il décida d'acheter une maison avec un très grand jardin. Et maintenant, il se sent vraiment mieux et il vécut heureux depuis ce jour-là ! Fin. »

F., 10 ans, apprécie beaucoup le travail de respiration et d'étirements qui précède les ateliers, elle eut envie d'écrire un texte sur la dyslexie, afin de pouvoir exprimer ce qu'elle ressentait à ses amis, à ses parents, à ses camarades de classe. Depuis qu'elle a écrit ce texte, F. ne cesse d'écrire, sa maman nous dit qu'elle a toujours un carnet sur elle, qu'elle

avan d'avoir la maison

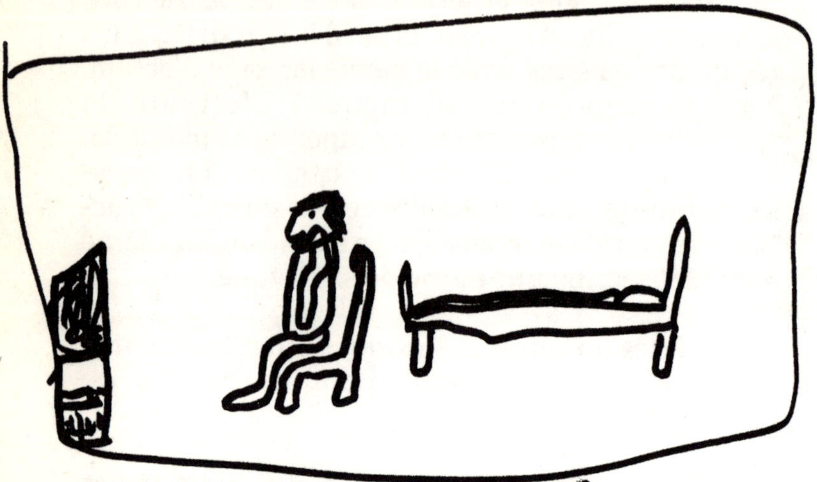

après dans la maiso

Arthur

un jour un homme arriva il etait trépor
il avait ~~pan~~ besoin d'épase boucou
d'épa~~rgne~~. ~~il~~ Il vivé tré mal
quar il avai un studio très très
petit. un jour il désida d'acheté
une maison avec un très grand
jardin. C'est maintenan il se sente
vrémen mieu et il vécue très
heureu depui se jour la ! FIN

traduit ses impressions par des poèmes, qu'elle met parfois en chansons :

> « La dyslexie est comme une porte à ouvrir, la porte qui a 14 verrous de toutes sortes, des gros, des petits, des larges et des fins. Les clés apparaissent dès que tu changes de niveau, mais les clés sont de toutes les couleurs et de toutes les tailles et dès que tu mets les clés dans le verrou, le verrou disparaît.
> Quand tous les verrous sont partis, tu dois tirer la porte pour être libre, libre comme si tu pouvais chanter devant tout le monde. »

L., 14 ans, s'inspire du moment pour évoquer la part visuelle des mots et des sons, tels qu'elle les conçoit :

> « Le triangle rouge est bleu en été.
> Le rond carré est dur en été et souple au printemps.
> La pièce est ouverte sur un jardin enchanté, les papillons chantent les fleurs.
> Nous passons la porte, nous atterrissons dans une montre à cadran électronique,
> pressés par le temps qui court, et qui court.
> Le globe tourne et fait tourner les bicyclettes, enchaînées par les flots du capitaine Crochet qui pète sur les rats de marée ; qui de sa façon endiablée, bercée par le chant des poissons

qui dansent avec les sirènes-champignons.
C'est du charabion
et c'est FINON. »

Lorsque l'on demande à P., 10 ans, de résumer à un nouvel arrivant sa conception du travail qu'il fait avec nous, il s'avère bien explicite :

« Je m'inquiète,
j'arrive,
je me plais,
je m'amuse,
je m'intègre et
je progresse. »

6

Quelques conseils pour une rééducation heureuse

Suggestions pour les parents

Les parents d'enfants, d'adolescents et les adultes dyslexiques sont désarmés face à ces problèmes. Ils oscillent souvent entre deux attitudes :

— défendre leur enfant envers et contre tous car ils le sentent exclu et persécuté ;

— jouer les mentors afin de lui montrer que la règle se situe avant tout à la maison et qu'il doit la respecter.

Bien souvent, un sentiment de culpabilité et une souffrance s'installent chez ces parents qui ont besoin d'être rassurés sur le fait que « ce n'est pas leur faute », qu'ils ne sont pas des monstres même s'il leur arrive de se fâcher pendant les devoirs, qu'il y a quelque chose d'autre à faire pour aider leur progéniture.

Les parents, surtout les mamans, dévorent tout ce qu'elles peuvent trouver à propos des troubles du langage, aucun article ne leur échappe, que ce soit en France, en Europe ou dans le monde francophone. Cette boulimie d'informations ne les aide pas à trouver des solutions ce qui renforce leur inquiétude devant leur incapacité à aider leurs enfants, notamment au moment des devoirs, espace-temps constituant le théâtre de nombreux drames.

Après avoir exposé aux parents et aux adultes dyslexiques les dernières informations recueillies sur ce sujet brûlant, nous soulignons les comportements, les attitudes, les façons d'apprendre et de comprendre typiques des dyslexiques afin de rassurer les parents, soulagés d'apprendre que leur enfant n'est pas complètement à part.

Voici les observations que nous avons glanées au cours des années et qui permettent de « croquer » le dyslexique en dehors du tableau clinique :

— Il met deux heures à s'habiller le matin et n'arrive pas à lacer ses chaussures — quand il réussit à les mettre à l'endroit.

— Lorsqu'on lui donne rendez-vous à un coin de rue, il arrive qu'on le retrouve trois heures plus tard au croisement opposé, confondant les notions d'espace réel avec celles qui s'inscrivent dans ses jeux vidéo.

— Il ne comprend pas toujours les consignes, soit parce qu'il n'écoute pas, soit parce qu'il les interprète à sa façon ; il lui arrive de ne pas les appliquer, même s'il les comprend.

— Il adhère le plus souvent à la consigne, la généralisant aux exercices qui suivent, soit dans l'instant, soit dans un temps différé.

— Il a une écoute multidirectionnelle ne lui permettant pas de synthétiser une tâche concrète et isolée ; ceci donne une impression souvent justifiée de dispersion et génère une certaine tension, une grande fatigue, à l'école notamment.

— Il n'éprouve pas de difficulté à faire plusieurs choses à la fois, mais a du mal à s'adonner à une seule.

— Il n'écoute pas toujours lorsqu'on s'adresse à lui et se montre soit perturbé, agité et insolent, soit complètement déconnecté du monde qui l'entoure, apparemment toutefois, car il est attentif à des choses particulières : les bruits extérieurs, l'apparence physique, les vêtements, les expressions, la mélodie de la parole, qu'il transforme en ballet de couleurs, de formes, d'images infiniment variées.

— Il manque de distance et ignore l'abstraction face au langage : il ne rit pas de jeux de mots désopilants mais peut s'esclaffer à propos d'un je-ne-sais-quoi d'intraduisible, échappant à notre sens de l'humour habituel.

— Il a du mal à intégrer les structures rythmiques, principalement la notion de durée et de tempo.

— Il a un sens de l'observation visuelle déroutant alors qu'il ne peut se repérer en fonction d'informations écrites, comme les plans, les panneaux indicateurs de rues et de directions. Il fait preuve d'une mémoire extraordinaire pour retrouver un circuit déjà emprunté grâce à des détails visuels (une fleur sur un balcon, lui-même caché par une grue jaune et bleu), auditifs (le métro qui passe, le bruit d'une école), olfactifs (l'odeur d'une boulangerie), gustatifs (le bonbon qu'il avait dans la bouche à ce moment-là), émotionnels (le sentiment qu'il a éprouvé lors de son dernier passage), détails mis en scène dans de véritables histoires agrémentant ses déplacements.

Un enfant applique la règle du participe passé apprise de façon isolée à partir d'une phrase inventée : « Les pommes ont été volées par un garnement en culotte courte. » Il explique qu'il a pu accorder le participe passé car la dernière fois qu'il a volé des pommes, c'était parce que sa grand-mère avait perdu ses lentilles sur le sol. Il était allé lui chercher ses lunettes restées dans le garage de son voisin et en avait profité pour dérober quelques pommes, avait même croisé le chat qui s'était frotté contre lui en ronronnant...

Cette anecdote montre bien comment ces enfants s'organisent pour mémoriser le langage écrit et appliquer les règles, ils procèdent par une série infiniment riche d'association plurisensorielles et affectives, dans un état d'écoute et de présence particulier, relié à une mémoire précise de certains détails. C'est sans doute pour cela qu'ils sont attirés par les métiers de l'audiovisuel dans lesquels ils réussissent très bien.

Cette stratégie qui explore les saveurs, les lumières, les couleurs, les odeurs, la résonance, le timbre des sons et des lettres révèle au sujet dyslexique une approche particulière du langage écrit : la sienne.

— Il a une intuition remarquable et un charme filou : « Attention, le jour où vous me verrez comme je suis, vous aurez des surprises, de bonnes surprises, vous ne savez pas à qui vous avez affaire », alors qu'il ne le sait pas encore lui-même, même s'il en a l'intuition.

— Il bricole et démonte télévision, radio, moteurs de toute sorte, tout ce qu'il peut trouver dans la maison. Il adore les plans et les schémas, a tendance à vouloir décoder tout ce qu'il n'a pas appris.

— Il éprouve le besoin de s'exprimer par des biais différents de la parole et du langage, au début du moins mais, plus tard, développe une agilité linguistique à l'oral surprenante.

— Il a du mal à être attentif mais est capable d'une concentration incroyable devant un jeu, un travail artistique ou manuel.

— Il se débrouille très bien sur un ordinateur, car

la multiplicité des données, des informations visuelles, des codes, des signes et des sigles, des dessins et des sons lui permet de se frayer un chemin à travers le dédale des informations fournies : il apprend comme les autres, sans difficulté particulière, les parents le savent bien et ils en sont souvent étonnés. De plus, sa vision des formes et des objets en trois dimensions l'aide à développer, à partir de certains programmes informatiques, un véritable plaisir dans l'élaboration de figures abstraites et de jeux divers. L'apprentissage de l'alphabet à partir d'une représentation corporelle des lettres, sans modèle immédiat, permet au dyslexique de développer son talent créatif, d'explorer son asymétrie, ses confusions, de faire le tour de ses erreurs, et d'intégrer sans contrainte les formes classiques et arbitraires à la fois de notre code écrit.

Lorsque Thomas écrit au cours d'un atelier : « La mer est peu agitée », nous lui demandons pour quelle raison il n'a pas fait de fautes — cela fait partie d'une technique que nous utilisons au moment où le sujet est capable d'analyser ses modes de perception du langage écrit, très peu de temps avant la fin de la rééducation. Il nous explique : « Tu vois, la mer, il devrait y avoir un *s* puisqu'il y a des vagues, mais vous manquez d'imagination, alors je m'adapte ! » Voilà un enfant qui se respecte en tant que dyslexique, qui apprécie son approche de la langue écrite, mais qui sait pourquoi et comment il s'adapte au code établi.

Mettre en valeur les qualités du dyslexique montre aux parents qu'il est urgent d'agir pour éviter l'atrophie de ces qualités par manque de travail et de stimulations. Les troubles engendrés par la méconnaissance de ce qui pourrait stimuler, éduquer, enrichir les enfants dyslexiques sont parfois plus importants que les difficultés qu'ils éprouvent au cours de leur scolarité.

Il nous semble de plus en plus évident que les troubles les plus graves des dyslexiques sont consécutifs à une absence de stimulations, à une méconnaissance de leur développement global et des motifs de leur comportement.

Notre travail de correction de leurs symptômes ne présente pas de réelles difficultés, car nous maîtrisons des outils performants pour en venir à bout, mais nous n'ignorons pas que permettre le développement et l'épanouissement de ces enfants passe par une thérapie et des outils pédagogiques extrêmement complexes et délicats. C'est pourquoi nous limitons le nombre des patients en rééducation car ce travail d'orfèvre, taillé sur mesure, agit en profondeur s'il se fait avec la coopération de parents et d'enseignants informés de notre démarche.

Les parents, de plus en plus équipés en articles et dossiers explicatifs, peuvent présenter et expliquer la dyslexie au sein de l'établissement scolaire, mais est-ce vraiment leur rôle ? Certainement pas, mais en attendant que les mentalités et les moyens évoluent ici (l'éducation nationale, les établissements privés) et là (les milieux médicaux et paramédicaux), il faut bien faire quelque chose. Alors, ils y vont avec une bonne volonté et un courage qui forcent l'admiration, poussés par le désir de faire accepter leur enfant par les maîtres, les professeurs, mais aussi par les autres enfants. Ils deviennent malheureusement parfois la cible des enseignants qui, exaspérés par leur insistance, leurs conseils, leur angoisse surtout, les traitent avec peu de courtoisie (« voilà encore la mère hystérique »,

« elle va encore me dire que son enfant est surdoué », « elle a bon dos, la dyslexie »...). Tous ne réagissent heureusement pas ainsi, certaines leur demandent de plus amples informations, les assurant qu'ils sont tout à fait prêts à s'investir, à trouver des outils ou à entreprendre des formations pour aider ces enfants en difficulté. C'est là qu'il faudrait l'intervention de professionnels, chargés de fournir des informations concrètes.

En ce qui concerne les devoirs, voici quelques suggestions :

Tout d'abord, laisser l'enfant au milieu de son capharnaüm : télévision, radio, bruits ambiants, si possible dans des pièces de vie, salon, cuisine, salle à manger. Il faut éviter de le laisser dans sa chambre, au calme, assis à son bureau. Un dyslexique a besoin, pour se concentrer et apprendre ses leçons de façon autonome et efficace, d'avoir du monde et du bruit autour de lui. Cela ne sert à rien que vous vous asseyiez à ses côtés des heures durant, à lui tenir le livre, à anticiper les réponses qu'il devrait vous faire, de toute façon, il en trouvera d'autres.

L'autonomie de l'enfant face aux devoirs est indispensable : il a besoin d'apprendre à s'organiser à sa façon, avec ses propres règles. Vous pouvez l'aider à corriger ses devoirs ou lui faire réciter ses leçons, mais évitez de lui expliquer comment se servir des règles, vous allez perdre patience, vous épuiser, l'épuiser, le décourager, en vain.

Le dyslexique doit gesticuler à sa guise et selon ses besoins lorsqu'il fait ses devoirs, s'accorder des pauses, varier en permanence son rythme de travail et ses tâches habituelles : un peu d'histoire et hop ! un problème de maths, trois phrases d'anglais, la suite de l'histoire...

Plus il se sert de la mélodie, des gestes et du

rythme, plus il apprend avec plaisir et efficacité. L'enveloppe mélodique et rythmique des sons s'analyse dans le cerveau à divers endroits, plus ou moins spécialisés. Si nous appréhendions la langue parlée et même écrite uniquement du point de vue phonologique, sémantique et autres fonctions linguistiques du langage, nous n'arriverions pas à déchiffrer et à comprendre les mots et les phrases qui les constituent. Il a souvent besoin de sonoriser, de grommeler durant son travail ; il émet des sons le plus souvent sans signification ou bien parle à voix haute pour donner du relief aux mots qu'il déchiffre et comprend souvent plus facilement grâce à ce retour (*feed-back*) auditif.

Il est bon d'établir une notation personnalisée dite « spécial parents », afin de lui montrer que vous appréciez ses devoirs et ses réussites à leur juste valeur : une dictée avec dix-huit fautes ne peut être jugée comme une dictée avec quarante-huit fautes, pourtant ces deux exercices conduisent à la même note zéro.

Pour qu'il apprenne des mots, n'hésitez pas à les épeler vous-même au début pour l'aider à les retenir plus facilement que s'il les épelle ou les écrits lui-même. Le nec plus ultra pour un dyslexique consiste à lui épeler les mots qu'il doit retenir en lui racontant une histoire qu'il écoutera les yeux ouverts ou fermés, selon sa préférence, allongé confortablement sur le dos.

Voici un exemple d'un mot que vous pourriez lui présenter : « C'est un E qui se prend pour un F mais qui se déplace à l'envers avec une canne rouge sur la tête, qui fait le bruit d'une vache enrhumée : il sent très fort le gâteau au chocolat car ses parents tenaient une chocolaterie de E, dans une région ensoleillée, comme il faisait très chaud, ils fermèrent la chocolaterie — tous les E fondaient —, et ils montèrent un magasin de glacEs au chocolat sur une plage ; c'est là que notre E rencontra le C, un ami d'enfance en quelque sorte ; lui sentait le crabe, il habitait sous un gros rocher en forme de O, plein de mousse et très glissant. On entendait toujours le bruit des vagues et ça l'aidait à s'endormir le soir. C'était le rocher préféré d'un L qui adorait le surf et ne manquait pas de venir se faire bronzer sur son rocher favori ; lui sentait la noix de coco et il était toujours très glissant, car il s'enduisait de toutes sortes de produits pour pouvoir fendre les vagues plus facilement ; ce L était souvent allongé ou bien dans les vagues ; il se faisait souvent passer pour un E, car en dehors de ses loisirs, le surf et la plage, il était détective privé, un peu comme toi qui vas découvrir le mot formé par toutes les lettres de cette histoire » (école). Ces historiettes sont à improviser dans l'instant, en famille ou avec des amis, elles égayent l'apprentissage des mots et l'enfant les retient plus facilement.

S'il ne demande pas à les écrire, laissez-le, il n'a pas besoin non plus de les épeler, il les a suffisamment visualisés, écoutés, goûtés et sentis pour s'en souvenir sans difficulté lorsqu'il sera en classe.

Il existe de nombreux outils pour aider les dyslexiques à apprendre et à faire leurs devoirs sans crise et sans cette angoisse perpétuelle : leur point commun est le plaisir d'un résultat immédiat ou différé ; nous ne pouvons tous les décrire dans cet ouvrage mais invitons les parents à faire plus confiance à leurs enfants et à leur fibre parentale. S'ils se laissent guider par leur intuition et leur écoute, ils pourront trouver des stratagèmes pour aider leurs petits dyslexiques à cheminer selon leur mode de pensée.

Suggestions pour les enseignants

Malgré les efforts réels et les progrès réalisés au sein de nos écoles, il y a encore beaucoup à faire pour obtenir :

— un diagnostic compétent en adressant l'enfant à un orthophoniste,

— des formations adaptées aux enseignants,

— des tests de dépistage.

Et, surtout, notre mentalité face aux personnes différentes, dyslexiques ou autres, a encore largement besoin d'évoluer. Pourquoi ne pas permettre à ces enfants d'être à l'aise au sein de l'école, en leur facilitant les choses : système de notations adaptées, pédagogies artistiques et corporelles renforcées... en plus de la rééducation orthophonique en institution ou en cabinet libéral ?

Nous y arriverons sans doute car c'est la solution la plus humaine et, de loin, la plus économique.

À la décharge des enseigants, soulignons qu'ils ne bénéficient d'aucune formation, ni même d'information dans le domaine des troubles neuropsychologiques du langage écrit ; les choses évoluent sensiblement au sein de l'Éducation nationale et nous espérons tous que des mesures seront prises pour leur faciliter la tâche dans ce domaine. Le dialogue entre les orthophonistes et les enseignants a tendance à se réchauffer. Nous n'en sommes plus aux prémices frileuses et hésitantes, parfois méfiantes, du secteur public face au secteur privé, de l'enseignant face au thérapeute. Chacun y met de la bonne volonté, les orthophonistes n'assènent plus de bilans ou discours incompréhensibles, propres à susciter la mauvaise humeur des enseignants ; ceux-ci, de leur côté, ne considèrent plus l'orthophoniste comme une « répétitrice », une

« paramédicale spécialisée dans le soutien scolaire ».

La collaboration avec les enseignants est primordiale dans ce type de rééducation, car c'est souvent le maître ou le professeur qui va montrer à son élève comment utiliser en classe les outils appris au cours de nos séances.

Voici quelques explications susceptibles, nous l'espérons, d'éclairer certains enseignants dans leur contact quotidien avec les dyslexiques :

• La personne dyslexique n'applique jamais les règles de lecture, les conjugaisons, la grammaire et l'usage selon notre mode de pensée : assurez-vous qu'elle connaît ces règles, et encouragez-la à trouver comment elle pourrait les appliquer. Notre mode d'application des règles du français constitue l'épreuve la plus difficile et la plus humiliante pour le dyslexique qui ne peut adhérer à notre système d'analyse dans ce domaine. Par exemple, vous lui expliquez la règle qui régit l'accord de l'adjectif avec le nom. Il la comprend, vous la récite à maintes reprises sans erreur, mais va cependant être « incapable » d'accorder l'adjectif qu'il a devant lui avec le nom. Dans la phrase « les chevaux sont verts », il peut écrire l'adjectif *vert, verrent, vers* ou de bien d'autres façons encore, sa créativité dans ce domaine étant illimitée. Il n'accède aucunement au principe selon lequel l'adjectif s'accorde avec le nom, même s'il en accepte la règle de bonne grâce. Tout se joue pour lui ailleurs, différemment. C'est pourquoi nous insistons sur l'urgence d'accepter ce mode différent d'apprentissage peu commun et de trouver des solutions adaptées. Il arrivera alors sans difficulté à accorder les adjectifs avec les noms, mais en passant par une logique subtile, qui nous échappe dans la plupart des cas si nous ne nous sommes pas penchés sur cette autre grille de lecture et d'analyse.

• Le dyslexique doit être encouragé, certes, mais il a besoin, comme les autres enfants, d'être noté, de pouvoir se mesurer à une norme, d'avoir des repères. Le mieux est de comparer ses résultats du moment à ceux qu'il avait précédemment.

• Copier ou recopier des leçons, des textes, des mots doit être évité dans la mesure où elle handicape et épuise terriblement ces enfants tant qu'ils ne sont pas rééduqués.

• Il est bon de s'assurer qu'il fait bien les devoirs notés sur son cahier car, arrivé chez lui, malgré tous ses efforts, il sera dans l'incapacité de retrouver le travail qui lui est demandé (il notera une page erronée pour les exercices à faire dans le livre de mathématiques, il confondra le cahier avec le livre, il se trompera de date pour la poésie, ne retrouvera pas l'extrait à apprendre...).

• Lui lire l'énoncé des problèmes en mathématiques peut lui permettre de les résoudre car, souvent, il ne le comprend pas ou l'interprète mal, ayant du mal à le déchiffrer.

• Lui donner des responsabilités en classe porte souvent ses fruits : délégué de classe (c'est une charge qu'il affectionne particulièrement), service tableau, teneur de porte, organisateur, chef de la discipline...

• L'encourager à lire et à écrire, même s'il fait beaucoup de fautes ; éviter de dire les notes à voix haute, surtout lorsqu'il avoisine les plus basses.

• Expliquer à toute la classe qu'il est dyslexique, comme certains sont myopes par exemple, en soulignant les qualités — souvent oubliées — particulières à ces enfants : une facilité pour le langage oral, un sens de l'organisation dans l'espace très riche, une notion du temps originale, une bonne intuition, une vision du monde à 360 degrés, une approche de la vie très créative… (voir cahier photo, pages 2 et 3). Ce conseil provoque des crises d'angoisse chez nos petits patients car ils ont très peur que « tout le monde sache ». Pourtant c'est une solution à de nombreuses incompréhensions, qui prévient bien des moqueries et renforce les liens entre les élèves ; d'autres dyslexiques révéleront peut-être ainsi leur identité et il ne se sentira plus isolé.

Le dyslexique est malheureux en français, mais pas seulement : il n'est pas rare que les maîtres et professeurs soient féroces pour l'orthographe quelle que soit la discipline : les sciences, l'histoire, la géographie, les maths, l'éducation civique ; le dyslexique n'est épargné que dans les matières artistiques, en éducation physique et sportive, et parfois en technologie. Cette pratique fait penser à un système pénalisant un paraplégique parce qu'il ne peut courir en gymnastique ou qu'il ne se déplace pas assez vite à l'intérieur de l'établissement…

Suggestions pour les enfants, les adolescents et les adultes dyslexiques

En ce qui concerne les dyslexiques adultes, nous ne nous lassons pas d'inciter leurs supérieurs ou leurs équipiers à les laisser s'organiser à leur façon, à leur faire confiance, conditions nécessaires pour qu'ils s'épanouissent dans leur travail, donnent le meilleur d'eux-mêmes et arrivent à des performances surprenantes.

Notre travail consiste à les faire se rencontrer, échanger leurs expériences, leurs conseils, les aider à nommer leur dyslexie dans leur entourage ainsi qu'au sein de leur milieu professionnel. Cet aveu semble pénible ; ils n'acceptent d'en parler, de le signaler, voire de le revendiquer qu'au moment où ils font des progrès, où ils prennent confiance en eux et deviennent performants.

Quant aux enfants et aux adolescents, nous souhaitons les sensibiliser au fait que la rééducation les concerne en premier lieu, que nous attendons de leur part un investissement complet afin de progresser rapidement et de nous assurer que les acquis porteront encore leurs fruits bien après la rééducation. Nous attirons leur attention sur le fait que leur attention en classe constitue leur carte maîtresse en ce qui concerne l'apprentissage et la mémorisation des cours. Ils ont réellement intérêt à écouter attentivement les leçons, en prenant conscience de ce qui se passe dans toute la classe, à 360 degrés, en évitant leurs « manies » d'écouter leurs baladeurs, dessiner, pratiquer les acrobaties habituelles de « lancers de stylos », transformer leurs trousses en antisèche à la Léonard de Vinci, imaginer toutes les traductions possibles du cours en couleurs, formes, volumes rythmes, mélodies, scénarios les plus éloignés possible du sujet traité.

Ainsi, ils apprendront leurs cours facilement le soir et appliqueront avec plus d'aisance les exercices qui leur sont demandés.

Les enfants dyslexiques aiment se rendre compte que nous comptons sur leur créativité, leur côté rebelle et leur imagination pour les rééduquer. Ils ont besoin de se sentir utiles, sont soulagés de ne plus être un poids pour leurs parents et sont libérés de ne plus se sentir exclus, incompris au sein de l'école.

Ils deviennent heureux et fiers d'être

dyslexiques, apprennent aux autres enfants ainsi qu'à leurs professeurs à mieux les connaître, à les apprécier tout en agissant au plus juste en tenant compte de leurs différences.

Les adolescents sont au cœur de multiples préoccupations et bouleversements de toutes sortes, ils savent accepter les outils qu'on leur offre pour les rééduquer sans afficher cette attitude blasée ou désinvolte qui les caractérise par moments. Lorsqu'ils sont présents en classe, leur attention, leur originalité et leur dévouement en font des éléments porteurs et dynamiques.

La mise en place d'une collaboration entre les parents, les enseignants et les orthophonistes

Les enfants souffrant de troubles sévères de dyslexie constituent, semble-t-il, 4 % à 5 % des personnes qui présentent des troubles d'apprentissage de la lecture et de l'écriture (8 à 12 %). Pourtant, tous ces enfants ont besoin d'une éducation et d'une rééducation appropriées, qu'ils soient dyslexiques, dysorthographiques, dysgraphiques, dyscalculiques, dysphasiques ou qu'ils présentent des troubles neuropsychologiques du langage oral et/ou écrit.

C'est pourquoi un dyslexique rééduqué, conscient de s'être forgé une autonomie, un état d'esprit, un savoir-faire et une capacité à communiquer tant à l'oral qu'à l'écrit, va ressentir le besoin de faire connaître à ses camarades et à ses professeurs ce qui le différencie ; il va se découvrir des qualités pédagogiques pour aider les enfants de sa classe concernés par le même handicap. De ce fait, il peut mettre en avant les avantages à être dyslexique et redonner l'espoir.

La rééducation du dyslexique couvre en général une année scolaire, si le patient ne présente pas de troubles psychologiques associés importants, ni de troubles d'origine neurologique, ni de déficit intellectuel. Au fur et à mesure que nous avançons, nous demandons aux enseignants de nous aider en répondant à des questionnaires variés dont voici un exemple :

— Écoute-t-il mieux en classe ? Est-il plus attentif ?

— Prend-il plus facilement la parole ?

— Quelle main utilise-t-il pour écrire au tableau ?

— Se repère-t-il plus facilement dans l'espace ? dans le temps ?

— Prend-il plus de responsabilités en classe ?

— Écoute-t-il mieux la consigne ? La comprend-il mieux ?

— Écrit-il plus vite ?

— Remarquez-vous un changement dans ses attitudes corporelles ?

— Est-il moins fatigable ?

— Ses fautes se remarquent plus particulièrement dans :

• les confusions de sons ? lesquelles ?

• les omissions de lettres ?

• les assimilations ? (répétitions de lettres à l'intérieur du même mot)

• les ajouts ?

• le découpage des syllabes ? des mots ? des phrases ?

• la correspondance phonie-graphie (le son et la lettre) ?

• les conjugaisons ?

• les règles de lecture ?

• les notions catégorielles ?

— Invente-t-il les mots lorsqu'il lit à voix haute ?

— Comprend-il les énoncés, notamment en mathématiques ?

Nous demandons également à l'enseignant de nous confier ses remarques ou de nous faire part de ses souhaits concernant l'enfant. Nous avons conscience que cela représente un travail supplémentaire pour les professeurs, pourtant nous n'avons jamais essuyé de refus concernant le retour de ce questionnaire, dûment complété, étayé, enrichi, qui nous permet de travailler avec beaucoup plus de rigueur et d'efficacité.

La collaboration avec les enseignants est primordiale, car ils font le lien entre la rééducation et le travail scolaire, c'est pourquoi nous n'hésitons pas à aller vers eux, à leur expliquer notre démarche, à les rendre acteurs de la réussite de leurs élèves.

En conclusion, il apparaît clairement que les hypothèses nombreuses formulées sur l'origine et les causes de la dyslexie induisent des pistes de recherche dans l'analyse de cette affection et dans les techniques de rééducation susceptibles de rétablir chez l'enfant dyslexique un langage oral et écrit normal. Tous ces symptômes constituent la partie visible de l'iceberg et les rééduquer sans agir sur le fond nous paraît vain. Nous attirons l'attention des parents sur le fait que les difficultés rencontrées par leur enfant s'inscrit dans un processus global et complexe qui mérite d'être pris en compte si on veut les sortir de l'impasse. Les prises en charge multiples ne permettent pas toujours au dyslexique de s'unifier et de progresser, il serait plus heureux de lui proposser une rééducation pluridisciplinaire, afin qu'il ne se disperse plus et qu'il accède à une cohérence dans le discours et dans les actes de tous les intervenants.

Conclusion

Comment terminer cet ouvrage sans évoquer le bonheur que nous procurent chaque jour les victoires des plus démunis sur leurs difficultés initiales face à l'écriture. Quelle meilleure gratification pour nous que d'observer nos « patients-élèves » ou « élèves-patients », accablés au départ par l'inadéquation entre efforts et résultats, se laisser gagner peu à peu par l'espoir, puis la confiance et enfin la joie de découvrir l'étendue de leurs possibilités. Ils reprennent soudain le goût d'entreprendre et de mener à bien des projets, avec en prime le plaisir de se voir reconnus, acceptés et appréciés tels qu'ils sont.

Mais nous n'en resterons pas là, car l'expérience nous montre que rien n'est définitivement figé, même pas notre méthode. Elle évolue au gré de nos recherches et de nos expérimentations. Ce qui ne change pas, c'est son essence, sa philosophie de base : considérer chacun dans son intégralité.

La nouveauté consiste à cesser de vouloir gommer ce que certains considèrent encore comme un « défaut » de la personne, avec l'idée que, une fois cette anomalie disparue, elle ne sera plus dyslexique mais « normale ».

En réalité, une personne est dyslexique comme

elle est blonde ou brune ; c'est sa particularité à elle — une chance dans certains domaines, un handicap dans d'autres. Et elle restera dyslexique, même après notre intervention. La différence est qu'elle sera une dyslexique adaptée au monde des non-dyslexiques majoritaires.

Grâce à notre méthode, elle parlera une deuxième langue, une langue étrangère pour elle, celle de la majorité. Mais elle n'aura rien perdu de sa langue maternelle et gardera toujours sa vision originelle à 360° ou son hyperaptitude aux matières artistiques, par exemple. Elle sera donc, au bout du compte, un peu plus savante que la majorité. C'est pourquoi nous affirmons que la dyslexie peut être un atout — tout dépend comment on la vit.

Voilà pourquoi nous la cultivons comme une plante, pour qu'elle grandisse et fleurisse, illuminant ainsi l'existence de ceux qui la possèdent.

Les poésies chantées de Tania Pividori,
extraites du disque *Sveltes Z'agrum'*,
par le groupe Anacorna, chez Inouïe.

Ces textes peuvent être lus ou écoutés. Ils servent de support à une expression écrite spontanée. Il suffit de demander aux dyslexiques de s'en inspirer pour créer leurs propres textes. On peut rajouter une consigne : les fautes sont permises, voire exigées, afin de lever l'inhibition.

Coloquinte

Vaisseau renversé d'un rêve du petit matin
un antre de bois patiné
et la clameur pâlie du silence.
Chacun de mes pas résonne de l'écho de mille voix
rassemblées.
Des lueurs ambre et grenat
frôlent la violence du vert d'une forêt improbable.
J'entends germer l'orage de toutes les paroles,
l'amour,
fracassant comme un champ de tournesol au milieu
du désert.

Pensée sauvage

Un lion assis sur le sable frais
se prélasse sans embarras
du vent qui fait frémir ses favoris
quel fat.
Il savoure enfin
la nuit qui caresse ses reins.

Les feux ardents encore une fois
du soleil ne m'ont pas ménagé
à l'idée de finir déshydraté
ridé
je rêve d'un bain
au parfum d'hibiscus si fin.

Avoir couru tout le jour durant
après des proies qui se riaient du roi
le plongeait dans un état proche du désarroi
oh que tout me lasse
il me faut sortir de l'impasse.

Le lion assis sur le sable frais
songeait aux mets que dans d'autres pays
à peu de frais ses amitiés de naguère
s'offraient
quand l'ombre d'une caravane
glaça d'effroi la blanche savane.

Ses favoris voletant au vent
rafraîchi le lion se dit qu'il valait mieux
faire semblant d'être le roi aux yeux des proies et
s'endormit
hop il sommeille hop
et compte les sauts d'antilope.

Légendaire

Dans le jardin d'été
qui résiste aux assauts
des feux du soleil blanc.
Le ciel est tapissé
de feuillages de soie,
de fleurs entremêlées,
de branchages tissés.
Rare blanche fraîcheur
trompant la vigilance
de l'écran végétal,
des piques de lumière
plongent droit jusqu'au sol.
D'un coup fendant l'air frais
ton incessant ballet
couronne la fanfare
longue, brune, attirante, de tes mollets.
La terre tremble
courbe l'échine,
rugueuse
un rien bougonne,
un rien câline sous tes pas répétés.
Tes pieds couleur de noix
cherchent à s'échapper,
légers, frémissant sous ta
robe hyacinthe.

La bigarade

Je tourne en rond de mandarine
et mon cœur chagrin de misère
s'allume aux feux si flamboyants
du petit astre.
En lacets entêtants
l'étreinte se défait
laissant la bigarade
à ses effluves de parfum miellé.
Roulant superbe dans le pré
son cuir repousse sans répit
ses arabesques, de cahot en cahot.
Le jour s'éteint alors la mauve et le pavot
distillent dans la nuit
leurs sucs, qui invitent au repos.
Ensommeillée
je m'éparpille
mon corps trop lourd
ivre d'images
tangue
sur le clair-obscur du tableau.

Baï, le haïkaï

Sereine
la pluie
soudaine
surgit
entraîne
sans bruit
l'éden
fleuri
étrenne
la vie

À l'embouchure

Mollement alanguie sur un tapis de feuilles
mes pieds cherchent en vain l'écorce de la terre.
Au-dessus les nuages dans leur course solaire
lisent l'heure au cadran qui rayonne.

Je me dresse si haut que je vois les parois
de ma chambre d'antan jour à jour qui s'effeuillent
laissant se dévoiler mes regards, mes secrets
trois marrons bien lustrés, un morceau de guimauve
mauve.

Mollement alanguie sur un tapis de feuilles
je tâtonne cherchant du bout de mes doigts nus
la discrète moiteur de la mousse velue
dont la couleur façonne ce soleil d'automne.

Je m'évade je fuis me nourris du vent frais
qui éclaire mes yeux d'un arc-en-ciel douillet
et me transporte ici si loin des feuilles mortes
là où l'eau bleue me porte
à l'orient de la pluie.

Balla Laïka

Déjà là
avant moi
bien à plat
sur les toits
un deux chat
aux abois
patte à soi
« parle pour toi ! ».

Qui t'envoie
poil de soie
sans tracas
tout pour moi
« on verra… »
c'est l'éclat
de ta voix
qui me va.

Poil de soie
ton minois
dans le pa-
norama
nous laisse là
tous béats
tous pantois
« tous baba ! ».

Candidat
avec foi
au débat
sur l'état
de pacha

poil de soie
tu t' poses là
« j'en bouge pas ».

Une aria
d'opéra
un tcha tcha
une samba
poil de soie
tout nous va
toi et moi
c'est comme ça. (Dernier couplet *ad libitum.*)

Trois pas

Je fais un pas
porte en avant
le berceau de mes bras
qui se prélasse
autour de toi
Ta voix alors
monte en spirale
et moi je berce
me berce
au joli son
de ton émoi
Je fais un pas
la lune vacille
dans le berceau de mes bras
étoile à droite
étoile encore
comme un pendule
la lune
Je fais un pas
berçant le monde
en courbe douce
l'astre somnole
et prend le temps
De croissant en croissant
mes pas s'enchaînent
jusqu'à sauter
de la Grande Ourse à Cassiopée
Mes bras s'allongent
en cerceau d'or
offert à la lune
pour un dernier saut
Dors.

Sveltes agrumes

Fleur de citron et fleur d'orange
ton parfum m'enivre
ton parfum me livre
des plaisirs douillets.

Fleur de citron
depuis longtemps je désirais
joli garçon
l'odeur de ton jardin secret.

Sur ton sommeil
tel un ange
la lune veille
fleur d'orange.

Fleur de citron et fleur d'orange
votre beauté emplit nos yeux
on hésite et l'on vous confond
entrelacés qui de vous deux
devient orange ou bien citron.

Adresses utiles

PUISSANCE DYS : Stages de rééducation des enfants, adolescents et adultes dyslexiques, dysorthographiques, dysgraphiques, dysphasiques, dyscalculiques ; formation pour les enseignants, pour les orthophonistes ; travail pluridisciplinaire sous forme de stages intensifs
Siège : 5, rue Pierre-Chausson
75010 Paris
Tél. 01 40 40 90 37
Membres principaux de l'équipe Puissance Dys :
François Cotinaud : saxophoniste, compositeur
Stéphane Krégar : tubiste, direction de fanfares, compositeur
Sandy Lhaïk : percussionniste
Jean Métellus : docteur en médecine, docteur en linguistique, neurologue, écrivain, poète
Odile Ory : danses d'expressions africaine et contemporaine
Geneviève Rives : comédienne, spécialiste en art martiaux, en théâtre gestuel
Nathalie Rives : percussionniste, compositrice
Béatrice Sauvageot : orthophoniste, musicienne, compositrice
Henriette Sauvageot : conseillère en communication auprès des parents
Tania Pividori : chanteuse, poétesse, compositrice
Véronique Vilchair : arts plastiques, pratique du clown
Sylvie Gagnepain : arts plastiques, sculpture, photographie

APED : Association de parents d'enfants dyslexiques
184, rue du Mont-Boron
06300 Nice
Tél. 04 93 89 06 71

APEDA-France : Association française de parents d'enfants en difficulté d'apprentissage du langage écrit et oral
3 *bis*, avenue des Solitaires
78820 Le Mesnil-Saint-Denis
Tél. 01 34 61 96 43

CORIDYS : Coordination des intervenants auprès des personnes souffrant de dysfonctionnements neuro-psychologiques
Siège : 44, rue Poussin
75016 Paris
Tél. 01 40 71 62 02
Secrétariat et centre de ressources :
7, avenue Marcel-Pagnol
13090 Aix-en-Provence
Tél. 04 42 95 17 96 — *Fax* 04 42 95 17 97
E-mail : coridys@club-internet.fr

APEDYS-France : Association de parents d'enfants dyslexiques
Fédération d'associations de parents d'enfants dyslexiques, créée en 1997 (regroupe toutes les APEDA régionales, anciennement liées à APEDA-France, ainsi que de nouvelles APEDYS régionales).
Siège social : 3, impasse de la Pente
95280 Jouy-le-Moutier
Tél./fax 01 30 30 22 62
Correspondance : 55, Domaine de Villepreux-Cantelaude
33160 Saint-Aubin-de-Médoc
Tél./fax 05 56 95 74 58
Adresse Internet : //perso.wanadoo.fr/apedys.france
E-mail : apedys.france@wanadoo.fr

ADRESSES UTILES

AVENIR DYSPHASIE-France
Fédération d'associations
20 *bis*, avenue Carnot
78100 Saint-Germain-en-Laye
Tél. 01 30 42 21 46

DYSLEXIA
274, boulevard Raspail
75014 Paris
Tél. 01 43 35 31 05

Collections de disques

INOUÏE
Thierry Balasse
18, rue Marcelin-Berthelot
94140 Alfortville
www.inouie.net
Tél. 01 45 18 55 43

BUDA MUSIQUE
Gilles Fruchaux,
188, boulevard Voltaire
75011 Paris
www.budamusique.com
Tél. 01 40 24 01 03
Avec plus de trois cents références et une moyenne de vingt parutions par an, Buda Musique a constitué en moins de dix années une des plus importantes collections consacrées aux musiques du monde, traditionnelles ou « urbaines ».
Dans les collections, vous découvrirez les différentes productions Buda, depuis Musique du Monde, en passant par la Voix du Maghreb, sans oublier les Stars de la world, Transes Européennes, Échos, Cobalt et la collection Éthiopiques.

TRANSES EUROPÉENNES
Directeur artistique : Pablo Cueco
40, rue de Saintonge
75003 Paris

VIVE LA DYSLEXIE !

Cette collection publie le travail de musiciens qui intègrent à leurs démarches de création l'existence d'autres cultures que la leur. Elle s'articule autour d'un regard sur le monde et d'une écoute de ses multiples résonances musicales. Ces démarches se nourrissent aux musiques des quatre coins de la terre mais elles ne visent nulle fusion, nul amalgame : les musiques doivent avoir le goût de ce qu'elles sont. Des musiciens, les pieds sur terre, aujourd'hui.

Remerciements

Je remercie tous mes « patients », enfants, adolescents et adultes pour leurs textes, leurs dessins et leurs témoignages qui ont révolutionné ma pratique et enrichi ma vie, les membres de l'équipe Puissance Dys, les orthophonistes qui m'ont procuré de précieux conseils, la Fondation Salavin (de la Fondation de France) pour avoir reconnu mon travail et soutenu ma démarche.

Je remercie tout particulièrement mes parents pour leur relecture avisée ; ils m'ont aiguillée sur cette voie de l'orthophonie, m'ont permis de grandir tant sur le plan humain que professionnel, ont supporté mes doutes et partagé mes victoires, m'ont aidée à affirmer une exigence et une rigueur toujours empreintes d'humour et de légèreté.

À Piyomaroniti ainsi qu'à leurs parents, à Tania Pividori, pour sa lecture attentive et sa présence.

À Dominique Missika, mère de ce projet, qui l'a porté tout au long de sa réalisation, avec une conviction, un enthousiasme, et un humour à toute épreuve. Sa complicité m'a ancrée dans ce travail et m'a donné beaucoup de joie.

À Nicole Lattès, une étoile qui éclaire le chemin des auteurs, en toute simplicité.

VIVE LA DYSLEXIE !

À Catherine Derivery, pour ses corrections avisées, sa patience et son énergie.

Béatrice SAUVAGEOT

Ce livre n'aurait jamais vu le jour sans les pressions amicales de Mme Nicole Lattès et Mme Dominique Missika.

De nombreux amis, entre autres, Mme Colette Privat, M. Rolland Chollet, nous ont beaucoup apporté soit par leur critique, soit par leurs suggestions, soit par leurs encouragements.

Nous profitons de l'occasion pour remercier Mme Michèle Langlois qui a assuré la frappe de nombreux chapitres ainsi que Mme Marguerite Buxman dont le concours a été très précieux.

Dr Jean Métellus

Les dessins et les pages d'écriture reproduits dans cet ouvrage ont été réalisés par des enfants dans le cadre d'ateliers appliquant la méthode Sensonaime.

Table

TABLE

Cet ouvrage a été réalisé par

FIRMIN DIDOT
GROUPE CPI

Mesnil-sur-l'Estrée

pour le compte de NiL éditions
en janvier 2002

Compogravure : Facompo, 14100 Lisieux

Imprimé en France
Dépôt légal : janvier 2002
N° d'édition : 42165/01 – N° d'impression : 58090